知らないとあぶない！

著作権トラブル

NPO法人著作権協会理事長
富樫康明

花伝社

知らないとあぶない！　著作権トラブル◆目　次

第3章 ここまで横行、無断使用と不正使用

第4章　著作権とビジネス

第5章　商標ビジネス最前線

第6章　著作権はいつまで続く？

第7章　こんなところにも著作権

第8章　ネット時代の著作権

第9章　違法アップロード／ダウンロードとの戦い

第10章　著作権の明日

はじめに

いま、著作権という「怪物」が多くの人々の生活を侵食しはじめた。

この「怪物」はモノではなく姿が見えない。そしてあまりにも安易に、誰にでも手に入るこの「怪物」は、操作を誤れば大きな傷を負う。

しかし、その傷の深さや痛みを知る人は少ない。ある企業では、たった一人の従業員が「怪物」を無断で使用したため噛み付かれ、会社が倒産してしまった。

三〇〇〇人以上の職員がいるある市では、気に入ったネット上のフリー素材を、ホームページや広報物などで、すべての部署において使用するようにした。しかし後日、「怪物」が食いついた。その額、約六〇〇〇万円。この市ではフリー素材だから無料で使用できると勘違いしたのだろう。

個人レベルでも、著作権をめぐるトラブルは思う以上に身近で深刻である。

現在、日本ではケータイが一億台を突破した。加えてスマートフォンやタブレットの普及も急速で、誰もが自由に、いつでもどこでもネットコンテンツに触れることができるようになった。それだけでなく、文章、写真などを自ら発信することも飛躍的に容易になった。誰もが知らぬ間に、意識せずとも創作者となり著作者となる、一億総クリエイター時代の到来だ。

ただ、創作者となるためには最低限度のルール（法律）を学ぶ必要がある。しかし、一般の多くの人々にとって、学ぶ手立てがない。また、著作権の取り扱いを誤った場合にどれほどのリスクを背負うことになるのか、知る人は少ない。

本書は、近年起こった身近な著作権侵害事件及びその他の知的財産権にかかわる事件をまとめたものである。ここに収められたケースを知ることで、著作権侵害行為の問題点が浮かび上がってくるだろう。

著作権の本といえば、専門家が書いた難しい法律論ばかりだが、本書はあくまで事例をベースとした、専門家でない私がまとめた一般向けの解説書である。

どうかじっくりとお読みいただきたい。

第1章

キャラクターをめぐる著作権問題

1　キューピーちゃんの著作権と商標権

キューピーちゃんといえば日本では「キユーピーマヨネーズ」を誰もが思い出す。もともとキューピーは米国のイラストレーター、ローズ・オニールさんが二〇世紀初頭に描いたイラストをもとに生まれたキャラクターで、一九一三年に発売されたキューピー人形は、世界中で爆発的にヒットした。つまりマヨネーズの製造販売元であるキユーピー株式会社は、既存のキャラクターを利用しているかたちなのだ。

キユーピー生誕一〇〇年にあたる二〇〇九年、キューピーを巡る訴訟に判決が出された。

キューピーのイラストを商標登録した男性がキユーピー社に訴えられていた事件で、訴えられた男性はキューピーの作者からイラスト使用の許可を得ていたにもかかわらず、知財高裁での判決では商標権が認められなかった。

この知財高裁で争っていた男性とは、「日本キューピークラブ」の代表でテレビや雑誌などでも紹介されている北川和夫さん。北川さんはキューピーグッズの収集家であり、キューピーの著作者であるオニールさんの遺族からイラストの許可を正式に得て、二〇〇

オーソドックスなキューピーちゃん人形

六年に飲料水の商標としてキューピーのイラストを登録した。

しかし、キユーピー社は「自社の商品と混同する恐れがある」とし、特許庁に北川さんの商標登録を無効とする審判を申し立てていたのだ。

北川さんはこの訴えに対して「正当な後継者が認められないというのはおかしい」と争ったが、判決では「日本でキューピーといえばマヨネーズが有名」ということで、キユーピー社の主張を全面的に認めてしまった。また、「当社は、すべての飲料水に広く商標登録している。これを侵害するものは、個別に判断して、場合によっては訴える」と強い姿勢を崩さない。

しかし変である。

巷には「キューピーちゃん人形」がそこいら

中で出回っているではないか。

オーソドックスなキューピーちゃんにはじまり、色々な洋服を着せたり、頭だけ鉄腕アトムやサザエさんなど別のキャラクターだったり、頭と衣装がウルトラマンだったりと変化に富んでいる。さらに、内臓が飛び出しているようなグロテスクなキューピー人形もある。

また、日本全国には「ご当地キューピー人形」などもあり、各地方に合わせた衣装などを着せているものもある。

キユーピー社からしてみれば、彼らこそキューピーちゃんを侮辱しているのではないか?

以前、関西から浮上し日本全国に広がっていった奇妙なパロディ人形で、顔はバカボンパパ、頭はサザエさんの「サザエぼん」、姿はドラえもんで頭はバカボンパパの「ドラぼん」が売られ、サザエさんの美術館や故赤塚不二男さんのフジオプロ、その他が一斉に著作権侵害で訴えたことがあった。同様に著作者を傷つけてしまう恐れもあるのが、ご当地キューピーちゃんだ。

しかし、キユーピー社は何も訴える気はない、いや訴えることができない。それは著作権が切れているからだ。

著作権は著作者の死後五〇年で切れる。一九九四年でキューピーちゃんの著作権は切れているのだ。

となると問題は商標権になる。ただ、キユーピー社以外の者が商標（顔）としてキューピーを会社のロゴや商品として使用する場合は商標権侵害として扱われるが、キューピーの絵、キャラクターそのものの使用に関しては著作権の範疇のため、すでに著作権の切れているキューピーを商品で扱うことには何の問題もない。

北川氏は裁判のことより、「キューピーが残酷にいじられるのは忍びない。本来のかわいいイメージを崩してほしくない」とマスコミにコメントしていた。みんなに愛されるキューピーちゃん、グロだけはやめて欲しい……。

2 キティちゃんをめぐる商標権侵害訴訟＠韓国

二〇〇八年五月一五日。当時、テレビドラマで大ヒットを飛ばしていた『宮廷女官チャングムの誓い』『チュモン』『ファン・ジニ』の版権を持つ韓国ＫＢＳ、ＮＢＣ（地上波放送局）と製作及びキャラクター事業代行三社が、ソウル中央地方検察庁へ、ハローキティの韓国事業権社であるサンリオ・コリアとキャラクター代行・デカリオを相手に、商標権

韓国風衣装に身を包んだキティちゃん

侵害と不正防止法、営業秘密保護に関する法律違反などの疑いで告訴した。

今、サンリオのデザインしたハローキティは、キャラクター自体は変わらないが、衣装や地消地産の名物を模したりと、何がしかの演出を加えたご当地キャラクターとして愛されている。この流れで、最近では映画キャラクターなどを取り入れた新しいキティちゃんなども登場しはじめたが、韓国ドラマのキャラクターを無断で使用し販売しているとして損害訴訟を起こされたのだ。

また、この訴訟では損害賠償額の大きさも注目された。なんと、二〇〇八年二月の段階で一五億ウオン（一ウォン＝〇・〇八円として約一億二〇〇〇万円）、検察捜査により収益規模が明らかになれば、追加損害賠償額が一〇〇億ウオン（約八億円）を超えるともいわれていた。

サンリオ・コリアとキャラクター事業代行のデカリオ

は、二〇〇四年からネット販売や全国免税店などを通して、人形やチャングム携帯ストラップ、ハンカチ、チュモン・ソソノボールペンなど、二〇種類の商品を許可なく販売していた。サンリオ・コリアはそれを黙認していたとして告訴対象に含まれたという。

キティちゃん商品は現在、世界六十数カ国で毎年約一五〇〇億円の収益を上げ、韓国では年間七〇億円から一〇〇億円の収益を上げている。今やミッキーマウスとともに世界的なキャラクターとなった。

そもそも、キャラクター本体は変えず、衣装や髪型、持ち物やイメージ利用によって何にでも変身させてしまうというのは、キューピーちゃん人形も同じ、最近ではケンタッキーフライドチキンのカーネルサンダース人形やペコ・ポコちゃん人形なども衣装によって変身させている。

サザエさんとバカボンパパを合体させた「サザエぼん」、ドラえもんとバカボンパパを合体させた「ドラエぼん」などの合体キャラがその走りといえるが、それを作った関西の業者は最終的に著作権侵害で大量の返品と在庫を抱えて倒産してしまったという経過がある。

しかし、この場合は関西の業者の著作物ではなく他人の著作物との合体キャラクターだったため侵害行為となったが、キティちゃんの場合、訴えられたのはれっきとした著作権者であり、他人のものは衣装とか小物にすぎない。あとは他人のイメージ利用である。

韓国の裁判所はどう最終判断を下すのか注目が集まっていた。

二〇〇八年一二月四日。ソウル中央地方裁判所は、訴えを起こした原告の敗訴の判決を下した。

裁判の争点は、ハローキティのキャラクターが人気ドラマの主人公を想像させる衣装を着ている点などが無断使用になるかどうかという点にあったが、同裁判所は「著作権を主張するには、その人物の個性がなければならない」とし、『冬のソナタ』の主人公が着ていたコートやマフラーだけでは、著作権は発生し得ない」と判決理由を述べた。

さらに、チャングムなどに関しては「実際の俳優の外見と、キャラクターが韓国の伝統衣装を着ているイメージでは、受け取られ方にあまりにも差がありすぎる」と指摘し、「実質的な類似性は認められない」とした。

つまり、比較対象として「混同を生じるかどうか」「似ているかどうか」「類似性があるかどうか」という点においてすべて該当しない、ということだ。購入する人はチュモン人形を買うのではなく、キティちゃんを買う。キティちゃんがチュモンっぽい、ヨン様っぽいから買っているのであって、まったく異なる著作物だということは誰にでもわかるということである。

3 「ミッフィー」と「キャシー」

オランダの作家ディック・ブルーナといえば、ウサギの女の子のキャラクター「ミッフィー」の生みの親で有名な人気作家だ。そのブルーナ氏が、二〇一一年六月一一日、サンリオのウサギキャラクター「キャシー」が、ミッフィーを模倣したとして、サンリオの関連商品の生産停止を求めて訴えを起こした。

直接訴えを起こしたのはブルーナ氏の著作権を管理するオランダのメルシスという会社だ。アムステルダムの裁判所は作家側の主張をほぼ全面的に認め、サンリオにオランダでの生産、販売の即時停止を命じた。

同裁判所ではサンリオのキャラクター・キャシーの細部に至るまで「ミッフィーのコピー」と認定した。また、この判決に応じない場合、一日二万五〇〇〇ユーロ（約二八〇万円）を支払うことを命じた。

サンリオのキャシーは「ハローキティ」の友達という設定になっているキャラクターである。サンリオ側は「当社としては判定を不服としており、原告の権利を侵害していないことを今後も裁判を通して主張していく」（東京新聞二〇〇九年一一月四日号記事でのコメント)。

しかし、この争いは困ったものだ。ミッフィーのファンである多くの子どもたちや、キャシーを愛する多くの子どもたちにとって、この争いはまったく関係ない出来事であり、どちらが勝っても負けても、ある意味悲しい出来事だからだ。

しかし、その後ミッフィーのキャラクターを管理している著作権管理会社が、驚くべき和解案を提示したことを知る人は少ない。二〇一一年三月一一日に起こった東日本大震災に心を痛めていたミッフィー側が、サンリオに対して、「訴訟するよりもその費用を被災地の復旧にあてよう」と和解を持ちかけたのだ。

その結果、両者は係争中の訴訟を取り下げて、共同で一五万ユーロ(約一七六〇万円)を義援金として被災地に贈ることを決めた。ミッフィーとキャシーが二人で力を合わせたことも素晴らしいが、互いが係争中にもかかわらず、被災地の復興支援による解決に結びつけたのは凄いことでもある。

しかし、残念ながら、サンリオ側はキャシーを今後使用しない方針を発表した。

4 アンパンマンが怒っている！

二〇一〇年一二月六日、人気アニメ映画「それいけ！アンパンマン」のキャラクターの顔を、勝手に怒った顔にして描きかえたTシャツを販売していた衣料品屋が大阪府警に逮捕された。

警察の発表によると、浪速署が衣料品販売業「キング」の同区内三店舗を捜索したところ、「アンパンマン」「ばいきんまん」などのキャラクターの顔のデザインを改変し、プリントした長袖Tシャツなど約七〇点が見つかり、経営者とアルバイト店員を著作権法違反で現行犯逮捕した。

この店は二〇〇七年に同店を開業して、アンパンマンのTシャツをオリジナル商品として一枚四八〇〇円で販売していた。容疑者は「著作権侵害をわかっていた」という。

この手の勝手な改変を加えたキャラクター商品は、「アンパンマン」「ドラえもん」「バカボンパパ」と昔から後を絶たないが、最終的にほとんどが逮捕されている。

5 ウルトラマン、やっと著作権侵害に勝つ！

二〇〇八年二月六日、ウルトラマンがやっと勝った。

ウルトラマンを管理するティー・ワイ・オーは、同社子会社の円谷プロダクションがツブラヤチャイヨーを相手取り、タイで裁判を起こしていた「ウルトラマン」の著作権侵害訴訟で、全面的に認められたと発表した。ツブラヤチャイヨーはタイで円谷プロダクションの版権を使い、キャラクタービジネスなどを行う会社である。

タイ王国最高裁判所は、ツブラヤチャイヨーの代表取締役ソムポーテ・センドゥアンチャイ氏に対し、損害賠償金約一〇七〇万バーツ（日本円にして約三四六六万円）と、訴訟提起日（一九九七年一二月）から損害賠償支払い完了までの金利七・五％の利息を円谷プロに支払うよう命じた。

ソムポーテ氏は「ウルトラマンシリーズ」などの著作権譲渡契約を締結しているとして、ウルトラマンのキャラクタービジネスを拡げていた。これに対し円谷プロは一九九七年一二月に、タイ知的財産及び国際通商裁判所に提訴していた。

しかし、二〇〇〇年四月の第一審判決では、円谷プロがウルトラマンの著作権者であることが認められたものの、初期ウルトラマンの九作品の版権はツブラヤチャイヨーに帰属すると判断されてしまった。

円谷プロはこの判決を不服とし、ソムポーテ氏が所有する著作権譲渡契約書は偽造であるという新たな主張を加え、二〇〇〇年七月にタイ国最高裁判所に上告していた。

ティー・ワイ・オーは円谷プロが裁判に勝ったことにより、ウルトラマンのキャラクタービジネスの海外展開が有利になり、それ以外の訴訟も解決に向かうと見ている。

6 警視庁マスコットキャラクター「ピーポくん」が撃たれた事件

二〇〇八年五月八日、警視庁のマスコットキャラクターで有名な「ピーポくん」に酷似したマスコットを無断で図案に使いTシャツを販売した疑いで、警視庁新宿警察署は千葉県松戸市の男性会社員三人を商法違反の疑いで東京地方検察庁に書類送検した。

この三人は二〇〇七年一一月二六日夜、西新宿中央公園の路上に止めていた乗用車に、ピーポくんが撃たれるシルエットのイラストが入ったTシャツ一五枚を販売する目的で所持していたという。

この三人は「バッグのブランドを立ち上げるための資金作りの一環として偽ピーポくん

Tシャツを企画した」という。当所は一枚三一五〇円で販売していたが、実際にはなかなか売れず最終的には無料で配ってしまった。予想していた売上にはまったく及ばなかったのだ。

バッグのブランドをピーポくんでの収益で立ち上げることは夢と消えて、わずかな利益は三人の飲み代で消えてしまったという。

商標法に違反した場合、懲役五年以下、罰金五〇〇万円以下の刑が科される。また、そのTシャツを購入したものがネットオークションなどに出品したら、それも商標法違反となる。

それにしてもピーポくんを使用するなど、警視庁に真っ向から喧嘩を売っているのと同じこと。バッグのブランドを立ち上げようという夢があるのなら、オリジナルで勝負すればいいのに……。

7「ひこにゃん」は一体だれのもの？

「ひこにゃん」をご存じだろうか？

二〇〇七年一一月二五日、滋賀県彦根市の国宝・彦根城築城四〇〇年祭が最終日を迎

え、観光客ら約二〇〇〇〇人が手をつないで天守閣を囲むという開幕イベントが行われた。

その祭りのキャラクターが「ひこにゃん」で、井伊の赤備えのカブトをかぶった猫（彦根藩二代藩主井伊直孝公を手招きして雷雨から救ったという招き猫）をモデルにしたものである。

同年三月から開催されていた四〇〇年祭は大成功を収め、目標を上回る七〇万人以上の入場者を迎えたという。しかし、この大成功とは裏腹に、「ひこにゃん」には消え去る運命が待ちかまえていた。

二〇〇七年一一月一九日、「ひこにゃん」を巡り、著作者の「もへろん」さんが、同市と同祭実行委員会に対し同祭終了後のキャラクターの使用中止などを求めた民事調停が、彦根簡裁で行われた。

滋賀県彦根市の彦根城 400 年祭のＰＲキャラクター「ひこにゃん」

市側は「法的根拠のない不当要求。調停に応じる意思は全くない」と強気に調停を不調にするよう求める答弁書を提出。調停には中立側の弁護士が同席し、市長と実行委員長が出席した。

申立書や弁護士によると、実行委員会のキャラクター使用承認が無制限・無秩序に行われ、勝手な性格付けがされているなど、キャラクター公募の趣旨を離れ、原作者の著作権を侵害していると指摘。原作者の監修の機会を設けて、キャラクター使用のルールを作るように求めたという。

それに対し、弁護士でもあるという市長は自らが書き上げた答弁書を提出。そこでは、「キャラクターの一切の権利は実行委員会に帰属する」と主張し、契約は応募したイベント企画会社と実行委員会の間で取り交わされ、申立人とは全く契約関係がなく、申立には何ら法的根拠がないとしている。その上で市が商標登録の手続きをしたことや、「ひこにゃん」という親しみやすい名称は実行委員会が選び、無料にしたことで使用が伸びて知名度がアップしたと主張していた。一回目の調停の後、市長は「答弁書に対する申立側の主張もあり、二回目の調停に応じる。その後は状況が変わらない限り、調停には応じない」としている。

このように公募作品・応募作品に、「当社に著作権は帰属します」と記載されているのをよく見かけるが、この表現はおかしなものだ。著作権はたとえ帰属しようが譲渡しようが、著作者人格権が残されている限り、勝手に利用できるものではない。

では、著作者のもへろんさんはどう意見をいっているのだろう? もへろんさんは、

「ひこにゃん」が祭りのＰＲ目的を超えて次々と勝手に商品化されるなど営利目的で使用され、「お肉が好物で、特技はひこにゃんじゃんけん」などと設定されたことに対し、「作者が意図していない性格付けを黙認し、管理を放置している」と批判。四〇〇年祭終了後の商標使用中止のほか、指定されたデザイン以外の使用承認取り消しや相当額の支払いを求めた。

四〇〇年祭ではぬいぐるみや絵本、シールなど多くの「ひこにゃん」グッズが販売されており、大人気となったが、著作権や所有権を実行委員会が持ち、使用申請があればだれでも許可しているという。市は約一一〇〇件の「ひこにゃん」グッズを許可していた。ちなみに「ひこにゃん」は特別住民登録して住民票まで交付されていた。

そもそも「ひこにゃん」は、二〇〇五年一一月に一〇〇万円の賞金付きで公募された。翌年三月には彦根市が商標登録を申請、「ひこにゃん音頭」など音楽ＣＤの販売も承認。いつのまにか一〇〇〇件以上の使用申請を受け付けた。

自分が創作した著作物が知らないあいだに次々と商品化され、営利目的で勝手に販売される事態に対し、もへろんさんはこんなコメントを出している。

「祭りのＰＲ目的を超えて営利目的で利用され、募集要項に反する。適正なキャラクター管理を行わなければ、粗悪品が販売されてしまう」

マスコミがこの騒動を大々的に報道するようになると、もへろんさんの主張に対し、インターネットには批判的な書き込みがあふれた。もへろんさんが悪い、甘い、金が欲しいんだろうなどという書き込みからは、著作権が財産権でもあり金銭の要求も正当なものであることへの無理解がうかがえる。

二〇〇七年一二月一四日、「ひこにゃん戦争」が突然終わりを告げる。和解成立というニュースが飛びかったのだ。

この日、第三回調停が彦根簡裁で開かれた。和解のポイントは、市側がもへろんさんの著作者人格権と一定の監修機会を認め、キャラクターの不適切利用の防止などについては双方が協力して臨むことで合意した。今後は市が「ひこにゃん」の使用を許可した商品内容などを年一回の割合でもへろんさんに通知し、市の商標権やもへろんさんの著作者人格権を侵害するような行為が見つかれば互いに報告し、対応を協議することになった。また、もへろんさんが絵本づくりなどの創作活動を自由に行えることも確認した。

市長は「年内に解決できうれしく思う。申立人には歩み寄りやすい提案をいただいた」と発言し、もへろんさんは使用中止と金銭の請求を取り下げた。

これで「ひこにゃん戦争」は解決を見たわけだが、公募キャラクターの取り扱いについて一石を投じる事件だったといえる。

8 平成宮跡「平成遷都一三〇〇年祭」マスコットキャラクター騒動

「ひこにゃん」騒動がやっと終わったかと思ったら、今度は、奈良市の平成宮跡を主会場として開催される平成遷都一三〇〇年祭を二年後に控え、奈良県などでつくる事業協会が発表したマスコットキャラクターが大論争となった。

このマスコットキャラクターは、事業協会が約一〇〇〇万円の予算でデザイナー一二人に呼びかけ、合計二一作品の中から選定し決定したもの。特徴は、仏教世界の童子をイメージし、眉間に丸い百毫《ひゃくごう》、ボウズ頭に二本のシカの角がある。これは東京芸術大の薮内佐斗司教授のデザインで、二〇〇八年二月一二日に発表された。

ところが同年三月九日、地元市民グループによってこの祭りを「救う会」が結成され、「キャラクターを白紙撤回して一般公募にすべき」として、奈良市内で署名活動が行われることになった。キャラクターが発表されると、市民から「仏様への侮辱」「気持ち悪い」などという批判が殺到。そこで「救う会」が結成され、「これでは親しみが持たれるとは思わない」とネットを通して呼びかけたところ、約八七〇人近くの市民たちがこれに応じたという。

平城遷都 1300 年祭マスコットキャラクター「せんとくん」

また、地域のキャラクターは地域に任せるか、このキャラクターをプロだけでなく一般市民に公募しなかったこと、選考に市民が関わっていないことにもクレームがついているという。

こういった動きに対し、奈良県などでつくる事業協会は「市民からの意見は賛成が多く変えるつもりはない。親しみを持たれるようにPRしていく」と強気の構えを示した。

そして三月一五日、事業協会はこのキャラクターの募集していた愛称を発表。「キモい」「うす気味悪い」「子どもが泣いた」と言われ続け、マスコミを通じてこのキャラクターが日本中の注目を集めていたこともあってか、なんと一万四五三九件の応募がインターネットや郵送、ファックスで届いた。事業協会によると、県外からの応募が全体の約七割で海外からも応募があったという。応募総数に関して同協会は、「予想を上回り、結果的には同祭の認知が進んだ」と評価したが、キャラクター不評の声が多いため「単純に良かったとはいえない」と複雑なコメントを残した。

応募内容としては「童子」「角」「鹿」「奈良」「平成遷都」など言葉の使用が多く、一部には「誹謗中傷と思える名前も含まれていた」という。

また、三月七日にキャラクターを制作した東京芸術大学の藪内教授は、メールで寄せられた批判意見に回答し、自らのホームページにその内容を掲載していた。

藪内教授は二〇件以上におよぶ意見について回答。とくに、「気持ち悪い」とした批判に対して、「第一印象に好き嫌いが出るのはやむ得ないことと思いますが、なんとかご理解いただけるよう、努力しているつもりです」と応じていた。「シカの角が生えた童子」のデザインに決めた理由にも触れており、感情的な意見に対しては冷静に事態を見守って欲しいと呼び掛ける内容となっていた。

また教授は、ご当地キャラクターとして人気の高い「ひこにゃん」や「はばタン」などとの比較に対して、「他の既存のキャラクターとの比較は、わたしは興味がありません。なぜならわたしは、このコンペのために制作したからです」と反論した。

教授には五〇〇万円の著作権料が支払われているが、この金額については「著作権収益の全額譲渡も含んだ金額ですので、新規のロゴマークやキャラクターのデザイン料としては妥当な金額」との認識を示している。

その後四月一一日、地元のデザイナーらによる市民グループ「クリエイターズ会議・大和」が反発し、独自のキャラクターの公募に乗り出すこととなる。ＪＲ奈良駅前の商店街振興組合なども、新キャラクター相乗りをさっそく決定。ついに市民はこのキャラクターに「ノー」を突き付けた格好となった。

ところが四月一五日、これだけの論争の中で「平成遷都一三〇〇年祭」のマコットキャラクターのネーミングが『せんとくん』に決定した。「せんと（遷都）」が一万四五三九件中三三七件でもっとも多かったという。

同協会はこれまでの騒動について、「個人の主観までわれわれが強制するわけにはいかないが、批判は重く受け止めている」と発言した。

この、子どもが泣く「せんとくん」キャラクター。皮肉なことにうす気味悪さが評判を生み、日本全国に平成遷都一三〇〇年祭が有名になったのは周知のとおりである。

9 「せんとくん」VS「まんとくん」VS「なーむくん」の三つ巴

二〇一〇年に奈良県で開かれる平成遷都一三〇〇年祭のマスコットキャラクターがまた生まれた。これは市民団体「クリエイターズ会議・大和」がインターネットなどの投票約五万三〇〇〇票の結果、朱雀門を模した帽子と白いマントを着用したシカ「まんとくん」

を選び発表したもの。

同祭を運営する記念事業協会ではすでに「せんとくん」を発表済みで、「気持ち悪い」という不評の中でも認知度を得て活躍していた。これに不満を持った市民団体が新たに「まんとくん」を発表したわけだが、個性の上においては「せんとくん」ほどのインパクトはなく、同じようにシカの角を生やしており、共存はなかなか難しそうだ。

さらに、「せんとくん」に反発してしていた奈良の仏教系団体「南部二六会」は、民間キャラ「まんとくん」に続き、第三番目のキャラクター「なーむくん」を登場させた。

この「なーむくん」は日本に仏教を定着させた聖徳太子の少年時代をモデルにして、念仏から名前をつけた。遷都祭を仏教界からも盛り上げようと考えているわけだ。

しかし、「気持ち悪い」「可愛くない」と言われ続けることで、『せんとくん』は今や日本全国にその名とイメージを広めている。後からできるキャラクターがどんなに素晴しくても、なかなか勝つことはできないのではないだろうか。

10 「ひこにゃん」のトラブルはまだまだ続く……

滋賀県彦根市のキャラクター「ひこにゃん」をめぐる騒動で、一旦は原作者と彦根市側は和解して落ち着いていたかのように思えたが、この著作権がらみのトラブルはまだまだ終わらなかった。

　同市によれば、ひこにゃんのぬいぐるみなどの使用についてはもともと争いがなく、イベントなどでの活動は今まで通り続けるが、原作者と市側は二〇〇七年一二月の調停で原作者が考案した三ポーズのイラストに関しての使用を許可することで両者は合意していた。しかし、平面でない立体のぬいぐるみなどが登場し、原作者側から異論が出ていた。

　一方市側も二〇一〇年六月、ひこにゃんに類似するグッズを原作者が販売することを中止するように求める仮処分を大阪地裁に申請していた。しかし、地裁では一二月の認定で市の申立を却下し、さらに市側が立体グッズ製作を業者に許可することについても「調停に違反する」と指摘した。だが市側は二〇一一年一月に即時抗告し、「着ぐるみと類似するグッズの販売も認められていると解釈している。これまで通りグッズ販売は認めていく」と強硬姿勢を崩してはいない。さらに彦根市長自らも「裁判で決着をつける」と意気込んでいる。

　この問題の本質は彦根市の著作権意識の低さにある。著作権は著作者が譲渡しなければ譲渡とはみなされない。著作権が著作者から譲渡されていたとしても、著作者には著作者人格権が残り、勝手に改変したり商品化することはできない。

彦根市は二〇〇七年に原作者が考案したひこにゃんの三ポーズの使用許諾を取っているだけで、それ以外でのグッズ販売、ぬいぐるみ、立体グッズとしての使用許諾を取っていないのだから、たとえ多額の費用を支払っていたとしても、それ以上の権利はない。

彦根市には、ファンあってのひこにゃんキャラクターであることを再認識し、しっかりとした権利意識をもった対応を望みたい。

第2章

盗作をめぐるトラブル

1 「メガバカ」は「デスノート」からの盗作？

二〇〇七年一二月二二日、漫画盗作で講談社が謝罪した。

講談社は漫画雑誌『週刊少年マガジン』二〇〇七年一月一一日増刊号『マガジンドラゴン』の中に、他の漫画から盗用した作品があったとして、ホームページ上で謝罪。作品は豪村中さんの雑誌デビュー作「メガバカ」。

読者からの指摘で盗用が発覚し、作者もその事実を認めたという。編集部は「二度とこのようなことが起こらぬよう新人漫画家への指導を厳しくする」という。

「メガバカ」の盗用内容は、登場人物のポーズや構図がヒット作品「デスノート」など複数の作品に酷似していると指摘されていたという。本作は新人漫画家一〇人が『週刊少年マガジン』への掲載権を競う漫画賞〝ドラゴンカップ〟の参加作品として掲載されたが、盗作であることが発覚すると権利剥奪となった。

そもそも盗作する著者の姿勢に問題があるのは言うまでもないが、当代きっての人気漫画からの盗作を見過ごし、読者から指摘を受けることで発覚した編集部の責任は重い。

2 夢も時間も裏切った！　漫画家松本零士さん怒る

「銀河鉄道999」の作者である漫画家・松本零士さんのセリフを、歌手の槇原敬之さんが作詞・作曲し、人気デュオ・ケミストリーに提供した「約束の場所」の歌詞で盗用したのではないかという疑惑が、ついに裁判にまで発展してしまった。

問題となっている詞は、「夢は時間を裏切らない時間も夢を決して裏切らない」という槇原さんの歌詞と、「銀河鉄道999」の、「時間は夢を裏切らない夢も時間を裏切ってはならない」というセリフだ。

二〇〇八年七月八日、東京地裁で口頭弁論が開かれ、槇原さん松本さん二人が出廷した。

法廷では、槇原さんが尋問に立ち、「問題の歌詞は仏教の『因果応報』の教えに基づき、『あきらめずに時間をかければ、夢はきっとかなう』というメッセージを込めて自分で考えた。泥棒扱いされて非常に不快」と発言した。槇原さんは松本さんの尋問には立ち会わず、言いたいことだけ言って、さっさと法廷を後にした。

これに対して松本さんは、「偶然似ることはないし、万一、わたしの著作を知らなくても頭を下げるのが創作者としての倫理観だ。一言謝ってくれれば終わりにしようと思ったのに、公式の謝りがない」と怒りをあらわにした。

二〇〇八年一二月二六日、この裁判の判決が下りた。

判決では「セリフと同様の内容は、松本さんのインタビュー記事などで公表されているが、槇原さんがそれらに接した証拠はない。槇原さんが松本さんの表現に依拠して歌詞を書いたとは認められない」と指摘。その上で、松本さんがテレビ番組に出演した際の「槇原さんは盗作した」という発言に対し、「発言は真実と認められず、名誉毀損に当たる」と判断し、松本さん側に二二〇万円の支払いを命じた。

確かに似ているといえば似ている。しかし、世の中には似ている言葉は無限に近くある。だから偶然似てしまう場合もあるし、ある時ふっと記憶に甦る場合だってあるはずだ。あるいは、槇原さんの歌詞の全体を見て比較すればいいところを、一部分だけ取り上げて盗作だと発言することが問題かもしれない。

以前、モーニング娘。の本に載せられた詩が盗作だったと問題になったが、その詩は確かに他の作品には似ていたが盗作だと過敏に騒ぐ内容ではなかったと、今でもわたしは思っている。

言葉の世界は学んでいるときから模倣の世界でもあり、「そのまんまのパクリ」でなければなかなか盗作とは決めつけがたいものだ。

3　ナイキ「ジョーダン」のそっくりロゴ

大手シューズメーカーのナイキが中国企業を相手取り損害賠償などを求めて起こした裁判が、二〇〇七年六月二〇日、上海市第二級人民法院で開かれた。

訴状によると、ナイキはＮＢＡプロバスケットのマイケル・ジョーダン元選手をかたどったロゴを中国で商標登録した。しかし、上海市にあるショッピングセンター内の店舗で、これとそっくりのロゴをつけたシューズが販売されていることを知り、ナイキはシューズを製造した中国メーカー二社とショッピングセンターに、販売中止と入荷記録の公開を求めていた。しかし、中国企業側がそれに応じなかったため、訴訟を起こしたという。

訴訟を起こしたナイキ側は損害賠償金五〇万元（約七五〇万円）の支払いと謝罪広告の掲載を求めている。

中国企業側は、販売を中止したことを明らかにした上で「類似したロゴを使用したにすぎない」という。

ニセモノ天国の中国、中国企業側は当初絶対に認めなかったようだが、同年、上海市第二中級人民法院は中国メーカーと小売業者に対し、偽スニーカーの製造・販売停止と賠償金合計三五万元（約五二五万円）を支払うよう命じた。また、福建省にある靴メーカー二社にはそれぞれ一〇万元（約一五〇万円）ずつ、ショッピングセンター店舗には一六万元（約二四〇万円）の支払いが命じられた。

中国では珍しい判決だった。

4 カーネルおばさん!? パクリ天国中国の実態

中国のパクリについては日本でも驚きあきれる事例としてよく伝えられる。

例えば、日本の「ハイチュウ」というキャンディに対し、中国ではデザインもそっくりな「マイチュウ」。インターネット検索の「グーグル」もデザインはそっくりで「グージー」。「ガンダム」は「ガルガル」、「ニンテンドウ」は「ヨンテンドウ」、「牛丼の吉野家」は「牛野屋」。ピザ宅配店「ピザハット」は「ピザハフウ」、コーヒー店「スターバックス」などは「スターファックス」といった具合だ。

特に奇異で面白いのが、「ケンタッキーフライドチキン」のカーネルサンダースを真似

「ケンタッキーフライドチキン」のカーネルサンダース（右）
と「吉阿婆マーラータン」のカーネルおばさん（左）

した「カーネルおばさんの店」だ。

マークはKFCで四角いメガネをかけ、赤色のストライプ模様のエプロンで少しばかり首をかしげて笑顔の表情。店内に入るとどこもかしこも「カーネルおばさん」ばかり。中国ではカーネルおばさんのことを、カーネルサンダースの嫁さん説や生き別れの妹説など様々な噂が流れているという。

カーネルサンダースそのものの肖像を使用しているのなら問題はあるが、パロディとして見れば意外と面白いのかもしれない。そもそもこの店、イメージは似せているが、フライドチキンの専門店ではない。実はスープの店で中国全土に展開しており、味の評判もなかなかだという。正式な店の名前は「吉阿婆マーラータン」といい、「吉阿婆」は直訳すると「吉おばさん」。マーラータンとは四川発祥の歴史ある旨辛スパイシースープであり、「ケンタッキーフライドチキン」のイメージは、ともにスパイスを使うことにちなんでいるようだ。

5　ネット情報の著作権「最後のパレード」

最近はインターネットが辞書代わりの人が多い。時間や場所を選ばないという点において、かつての辞書を引く手間とは較べものにならないだろう。

しかし、そこにはいくつかの危険が紛れ込んでいる。「本当に正しい情報なのか？」「その情報の出どころはどこなのか？」「その情報は他の何かから使用されているものなのか？」、そして「誰が本当の著作者なのか？」ということがわからないのだ。

ネット上の書き込みは、ほとんどが匿名のため「著作者が誰か」はまったくわからない。しかし、たとえ「名無し」「匿名」であっても、そこには著作者がおり、著作権は判例でも認められているのだ。

二〇〇九年二月に出版され、推定三七万部を売り上げたというベストセラー『最後のパレード』（中村克著、サンクチュアリ・パブリッシング）の盗用疑惑は、ネット時代の著作権を考えさせる事例となった。この本は発売後四月二〇日までに約二三万部売れたが、五月一日にすべての書店店頭から自主回収された。

この本の著者中村氏は、一九八二年にディズニーランドを運営するオリエンタルランドに入社、約一五年間社員の指導などを担当していたという。

『最後のパレード』は全体が三三章からなり、ディズニーランドであったというエピソードを約一九〇ページにわたり紹介している。

その中の作品の一部「大きな白い温かい手」と題された文章は、脳硬塞で障害が残った車いすの夫とその妻がディズニーランドを訪れたとき、ドナルドダックに背中や腕をさすられて感謝したというエピソードだが、これが、社団法人「小さな親切」運動本部が二〇〇四年に実施したキャンペーンで日本郵政公社総裁賞を受けた作品「あひるさんありがとう」と文章の表現まで極めて似ていたのだ。この作品は同年一一月二四日の読売新聞夕刊に掲載されていた。

『最後のパレード』に収録するにあたり、この文章を執筆した作者には何も知らされておらず、さらに、遊園地に出掛けた際の出来事を題材に書いたものだったが、ディズニーランドではなかった。

「あひるさんありがとう」（●）と「大きな白い温かい手」（○）を対比してみよう。

●「冬の1日、急に思い立って遊園地に行った」

○「冬のある日、急に思い立ってどこかの遊園地へ行くことにしました」
●（あひるさんは）大きく一礼して、大きな手で夫の背中を撫でてくれた。二度、三度。
○（ドナルドは）大きく一礼をして大きな手で夫の背中をなでてくれました。2度、3度。
●その温かさが周りに広がって、見ていた人たちのあいだから拍手が起こった。
○その温かさはまわりに広がり、見ていた人たちから拍手が起こりました。
●あひるさんはウンウンとうなづいて、
○ドナルドはうんうんとうなづいて、
●やさしさと励ましのお心はしっかりといただいた。
○優しさと、励ましの気持ちはしっかりといただきました。

文章をわずかに変更しているだけであり、これでは完全に盗作といわれても仕方がない。元の「著作物の改変（著作者人格権侵害）」及び無断使用の「著作権侵害」にあたる。他人の著作物を参考にして新たな著作物を創ることは違法ではないが、「そのまま」または「一部改変」では新しい著作物とはいえない。

また本書は、他にも一年前からネットで情報を集めて題材にしたケースが複数あったことや、発行前に著作者を確認していなかったことも認めている。

この事態に、出版元社長は読売新聞にこう釈明した。

「ネット上の文章はコピーが容易で、どれが原典なのかわからなかった。複数のサイトに書き込まれている文章もあり、『公の情報』と考えられるものを選び、問題ないと判断したものだけを掲載した」

ネット上の文章は「公の情報」というが、それならばなおのこと勝手に使用することはできない。ここがネット世界、ネット情報の著作権の世界を拡大解釈してしまっている。

また、東京ディズニーランドを経営するオリエンタルランドがまとめた社内向けの文集の複数の作品が、ほぼ同じ形で掲載されていることもわかった。オリエンタルランドも著作権の無断使用を指摘している。ここでの問題点は、他人の著作物の「出所表示」「著作者表示」「サイト表示」がなかったことだ。

『最後のパレード』の問題点は、ディズニーランドの物語に固執しすぎてしまった部分であり、著作権で認められている「引用表示」として、改変せずにそのまま使用すれば問題はなかったはずだ。

これだけベストセラーになる内容なのだから、世の中に必要とされていた本には違いないだろうが、ネット上の情報を刊行するのはいささか恐ろしいといえる。ネット上の情報自体が「パクリ」であったり「なりすまし」であったり、「ニセの情報」「誤報」「ミス」が多い。そこには第三者が介入して内容をチェックする機能がない。著者権者が不明な上、情報の信憑性も低いネット情報をむやみに使用するのは、避けた方が無難といえるだろう。

6 釣りゲーム、グリーが「画面が酷似している」と提訴

二〇〇九年一二月一〇日、インターネットソフト開発会社のグリーは、携帯電話の釣りゲームを模倣され著作権を侵害されたとして、同業のＤｅＮＡと開発元のＯＲＳＯに対し、ゲームの配信差し止めと約三億八三〇〇万円の損害賠償を求め提訴していることがわかった。

東京地裁（阿部正幸裁判長）で第一回の口頭弁論が行われたが、訴えによると、グリーは二〇〇七年五月から、会員がコミュニティ型サイトで情報交換できるソーシャル・ネットワーキングサービス（ＳＮＳ）の「ＧＲＥＥ」で、携帯電話向けの「釣り★スタ」を配信。ＤｅＮＡは二〇〇九年二月から同じく「モバゲータウン」で「釣りゲームタウン２」を配信していた。

グリー側は「魚の引き寄せ画面に三重の同心円を用いるなど各画面の内容や全体の構成が酷似しているため、著作権侵害に当たる」と主張。類似ゲームで顧客を奪われ、損害を被ったと訴えた。

ＤｅＮＡ広報部は「当社の行為の正当性は裁判の中で、きっちりと証明していきたい」とコメント。全面的に争う構えを示した。

その後二〇一二年二月二三日、判決が出た。東京地裁はＤｅＮＡが著作権を侵害したとして、配信差し止めと二億三四六〇万円の損害賠償支払いを命じた。ＤｅＮＡは即日控訴している。

東京地裁では著作権侵害と混同を招くということで、不正競争防止法に基づき、この判決を出した。

確かに両者とも画面上で釣りをしているのだから、似ざるを得ない部分もある。また、操作方法は同じであるが、操作方法のアイデアに関して著作権は保護しないため問題はないと思われる。ただ今回は不正競争防止法にも基づいている判決で、一般の購入者には同じような商品と思われ、混同を招く恐れがあることを指摘しているのだ。

今回の裁判での注目点は、著作権法と不正競争防止法により、今まで操作方法のようなアイデアには著作権法が及ばなかったが、操作方法（操作性）にまで言及していることである。今後、この裁判の判決がゲーム業界に様々な波紋を呼ぶことは間違いないだろう。

7 題字の著作権侵害で書道家がＮＨＫを提訴

二〇一一年九月二二日、京都の商業書道作家・上坂祥元氏がＮＨＫを相手取り著作権侵害の申立をした。賠償金額は一一〇〇万円を求めた。

何が著作権侵害なのかといえば、ＮＨＫ大河ドラマ「龍馬伝」で使われている筆字で作成されている題字（タイトル）が、その書道作家の作品に酷似しているということだった。

しかし、実際を比較した場合、あきらかに違うのは素人目でもわかる。この書道家はどの部分が酷似していて著作権侵害だというのだろう。実際にこう比較してみると理解に苦

「龍馬伝」の題字（右）と「匠象」のロゴ（左）

しむ……。

この作家の言い分は「龍馬伝」「匠象」の文字は、全体のレイアウトが右下への斜め方向に漢字が並び、横書きのローマ字と組み合わさっており、この文字配列が作家の過去の作品に依拠して考えられ、作成されたものだと主張している。

確かに、この作家の作品をヒントにして生まれたものかもしれないが、レイアウトには著作権はない。著作権は「創作性のある書」にあるもので、文字等の配列などは主張できるものではない。

8 同じ構図の写真は盗作か？

最近、廃虚の写真がブームを呼んでいる。なぜだろう、そこには人の懐かしさがあるのか、それとも郷愁を感じるのか、哀れさを想うのか、それとも歴史の重みを感じるのか……。

　朽ち果てた建物、鉄道の廃線など廃虚をテーマとして写真作品を撮り続けている丸田祥三さんが、「自分の作品をまねされ、著作権を侵害された」として、写真家の小林伸一郎さんを相手に写真集の差し止めや損害賠償として約六〇〇〇万円の請求を求める訴えを東京地裁に起こした。

　訴状によると、丸田さんは一九九二年以降、廃線や廃虚の写真を個展や写真集で発表し、一九九四年に日本写真協会新人賞を受賞、廃虚写真では先駆け的存在と言われている。

　丸田さんの作品の中で栃木県の足尾銅山付近の建物、群馬県の旧丸山変電所、静岡県の大仁金山付近の建物など五点について、同じ被写体、同じ構図の写真が、一九九八年から昨年にかけて出版された小林さんの写真集に掲載されたと主張。丸田さんは「長い時間かけて文献などを調べて被写体を探し出し、現地に何度も足を運んで構図や撮影時期を選んでおり、高い創造性がある」という。また、「二〇〇八年八月に質問書を出したが、小林さんは何の説明責任も果たしてこなかった。類似点があまりにも多く、自分の方がまねをしたと思われ、不愉快だ」と訴えている。

　訴えられた小林さんは後発だが、一九九八年以降、廃虚をテーマとする写真を次々と発表していた。

小林さんにも言い分はある。「写真とは、撮影状況や色の使い方など様々な要素により独創性が生みだされるもの。丸田氏の主張は先に撮影した被写体を他の写真家は撮影してはならないと言うに等しく、断固として争う」とし、訴えられた小林さんの代理人弁護士も読売・東京新聞紙上で、「他人の写真を模写して写真を創作したことはなく、著作権侵害と主張されるのは極めて遺憾だ。裁判の場できちんと反論していきたい」とコメントを出した。

問題はまねをしたかどうかではなく盗作、つまり、これが本当に著作権侵害なのかどうかという点だ。確かに被写体や場所探しには苦労と労力が伴うとは思うが、これだけ情報が発達している時代、既に存在している情報は独占できるものではない。従って同じような場所で写真撮影したからといってクレームをつけることはむずかしい。

丸田さん、小林さんの写真集を見て撮影に行く人も増えるかもしれない。そこで大勢の人たちが写真撮影して写真集を出すかもしれない。だから場所と写真撮影に関しては独占することは不可能と考えられる。

二〇一〇年一二月二一日、東京地裁の大鷹一郎裁判長は、「被写体の選択はアイデアで、表現自体ではない。白黒とカラーの違いもあり、写真全体の印象は大きく異なる」とし、小林さんの作品は著作権侵害に当たらないと判断した。

また、廃墟を撮影する場所に関しても、先駆者だから権利があるとか、その場所を探すための労力、多額の費用がかかったとしても、他者の撮影の制限はできない、とした。丸田さん側はこの判決に納得できず、その後控訴した。

確かにアイデアは著作権では保護されないことはわかる。しかし、先人の労力や努力は認めていかねばならないだろう。その人が苦労して探しあてた場所の写真を見て、その場所に出向いて同じような写真を撮り、公表するならば先駆者に対して何かしらの配慮も必要だと考える。確かに法律違反ではないが、道義的な問題は残されたままである。

だからといって先にこの場所で撮影したから他の人は公表できなくなってしまうのなら、これでは表現の自由など無くなってしまう。問題はやはり、先人に対する敬意、配慮だろう。

第3章

ここまで横行、無断使用と不正使用

1　直木賞作家が他人の作品から無断使用

二〇〇八年三月一五日、直木賞作家の熊谷達也さんが、他人の作品から表現を無断使用したことがわかった。

これは『小説すばる』（集英社）二〇〇七年一二月号に発表した小説『聖戦士（ムジャヒディン）の谷』に、フォトジャーナリスト、長倉洋海さんの複数の著書から表現などを無断で使用していたもの。同誌は熊谷さんのシリーズ連載を中止することを決め、三月一七日発売の四月号に「経過とお詫び」を掲載した。

同誌編集部などによると、アフガニスタンを舞台にした同小説について長倉さんは「自著の表現を無断使用している個所が複数ある」と抗議。編集部が調べ、熊谷さんと協議したところ、長倉さんの『マスードの戦い』などの著作に依拠しており、参考文献の域を越え、一部が著作権侵害に当たる可能性が高いと判断した。

同誌上で熊谷さんは、「設定・描写などを利用したことを深く反省している」と陳謝したという。

2 塾教材挿絵無断使用——著作権に疎い教育産業

二〇〇七年一〇月二二日、大手進学塾「サピックス小学部」の運営会社でジーニアスエデュケーション（東京）が、作家の五味太郎氏や絵本作家、画家二〇人の作品を無断使用したとして、計約八三〇〇万円の損害賠償を求める訴訟を東京地裁に出された。

サピックスの教材では、谷川俊太郎氏をはじめ詩人や作家たち約六〇人が作品を無断使用されたとして既に提訴していたが、挿絵に関しては初めてだという。原告には他に、イラストレーターのスズキコージさんや画家・装丁家の安野光雅さんたちも含まれている。

訴状によると、この会社が運営するサピックス小学部は、一九九四年から二〇〇三年にかけて小学生向けの国語や算数の教材計一六三種類で、二〇〇件の作品を著作者に無断で挿絵や表紙に使用した。

訴えられたジーニアスエデュケーションの法務部は「現在、文芸作品について調査委員会を設け調査しており、イラストについても誠実な対応をする」とコメントしている。

ここで疑問なのは、法務部があるというのに結果的には誰も著作権の使用についてわからなかったということだ。それとも承知で使用していたのだろうか？

この事件は、教育に利用するものは許可がいらないという定説がまかり通っている、教育産業の実態を反映している。教育のためという理由で著作権を侵害し利益、収益を得ている会社や団体はあとをたたない。

3 絵本作家ら一九人が著作権侵害で出版社を提訴

全国で教材を販売している名古屋の教材出版社「学書」を相手取り、作品を無断使用され著作権侵害されたとして、二〇〇九年七月二一日、詩人の谷川俊太郎氏など計一九人の作家が、教材の差止めと約四三〇〇万円の損害賠償を求める訴訟を東京地裁に起こした。提訴したのは谷川俊太郎さんの他に、絵本作家で俳優の米倉加年さん、詩人の新川和江さんらで、全員が著作権管理団体「日本ビジュアル著作権協会」の会員とその遺族たちだ。

訴状では、学書は二〇〇九年までの四年間に渡り、中学生用国語教材一一六種類に無断で一九人の著作二四作品を掲載して、学習塾に販売したという。また、受注先の学習塾ごとに独自の表紙に作り替えし、受注先のオリジナルのように装ったり、発自社名をわざと記載せず、発行元がバレないようにしていたため、より悪質と指摘されている。

このことを学書側は「無断使用の事実はない。すべての作品について許諾を得ており、許諾書もある」と言っている。

おそらく苦肉の言い訳であろう。許諾を受けているのなら、なぜ許諾者である学書の発行元が記載していないのか。教育関係者としては、あまりにお粗末な事件だ。

4 テレビ朝日「報道ステーション」「Jチャンネル」で映像無断使用

二〇〇八年五月、テレビ朝日がある映像を無断使用したことで、賠償金を支払っていた。

この映像は日本人男性が撮影した北朝鮮のもので、同局に提供した映像を約束以外の別の番組で無断使用したため、この男性に一〇〇万円を支払っていたのだ。

この男性は個人的に北朝鮮を年に数回訪問し、現地で撮影した北朝鮮北東部の町や北朝鮮に滞在中のよど号ハイジャック犯、覚醒剤の取引現場などのビデオ映像を同局の求めに応じ提供してきたが、二〇〇七年、複数の番組で同じ映像が無断使用されていることを知り、抗議していたという。

映像の使用契約は一回限りが原則とし、再使用する場合は事前協議のうえ、番組の録画テープを渡すことが通例と言われている。無断使用したテレビ朝日の番組「報道ステーション」「スーパーJチャンネル」などで、一四回の無断使用があったという。

テレビ朝日はその一部を認めた上で、報道局長名で男性に謝罪していた。テレビ局は、自局で使用した映像はすべて自局にあると思っているようだが、テレビ朝日の社員でない限り、外部の撮影者には必ず著作権があり、著作者人格権があることを忘れてしまっているようだ。

テレビ映像の多くは、局の専属カメラマン以外に外部下請けのカメラマンが撮影している。また、この例のように一般のカメラマンや事故現場にたまたまいて撮影した素人のカメラマンの映像などもよく利用されている。

撮影者の所属や属性は多様だが、実際の権利関係や外部のカメラマンとの著作権契約、再放送や他番組に貸し出す二次利用などの場合の契約もあいまいで、不明な場合が多いのが現状だ。

5 読売旅行本社販売部門・すべての営業所で写真無断使用

二〇〇八年一〇月一一日、読売旅行が新聞折込み用チラシやパンフレットに著作権者の許可を得ないまま、風景や旅館などの写真を無断使用していたことが報じられた。読売旅行はこれだけでなく、以前からパンフレットや写真に無断で写真を掲載していたという。六月に都内の写真貸出会社からの抗議があり、この件が発覚した。

このことで外部調査委員会が設置され、無断使用の開始時期や被害点数は不明だというが、本社の販売部門や全国のほぼすべての営業所で無断使用しており、約半数の営業所では無断改変もしていたという。

読売旅行の単瀬一社長は東京新聞紙上で「著作権に関する認識が希薄だったことを深く反省し、心からお詫びする。再発防止に全力で取り組む」とコメントしたが、これでは会社ぐるみの犯罪としかいいようがない。

写真は撮影した人に著作権があり、その写真が譲渡されれば新しい著作権者の権利が生まれるもの。さらに、著作者には著作者人格権が残っている。写真は常にトラブルを招く著作物だ。知らなかったでは済まされないだろう。

6 料理人・神田川俊郎さんの名前を無断使用

二〇〇九年八月二七日、外国産牛肉を国産として偽り販売した大阪の食品加工販売会社「ランコム・ジャパン」の経営者ら五人が逮捕された。

産地偽装の件以外にも、この会社は二〇〇八年、通販カタログでサイコロステーキの商品名に、料理人・神田川俊郎さんの名前と顔写真を無断で使い販売していたことがわかった。

問題の商品は「神田川流和牛ステーキ」というもので、大阪の通販業者発行のカタログ『四季の香り』二〇〇八年度版に掲載された。サイコロステーキの写真の隣に神田川さんの顔写真を入れ、「神田川俊郎考案の二種類の醤油ベースの和風焼き肉のタレでお楽しみください」と宣伝していた。

もちろん神田川さん自身は全く知らず、サイコロステーキに関わったこともなく、考案した覚えもないという。さらに何も許可していない。

こんなことがまだまだ世の中まかり通ってしまうのだ。

7 タレント・真鍋かをりが選挙ポスターに無断使用される

二〇〇九年七月二九日、衆議院静岡七区から無所属で出馬する元衆議院議員城内実氏の後援会ポスターに、タレントの真鍋かをりさんが登場した。城内氏はテレビでも自慢気にポスターの説明などして、選挙に対する意気込みを見せていた。

これに対し真鍋さんは、自らの公式ブログで否定した。

「スポーツ新聞に掲載されていましたポスターについて、候補者の方と私が一緒に写っている写真が使われていますが、その方とは全く関係ございません」

写真については「一年ほど前に一度だけ対談でお会いしてそのときに写真を撮りましたが何故その写真がポスターになっているのかわからず困惑しています」とブログに綴っている。

また、「私は特定の政党や政治家の応援はしていませんし応援コメントも出していません。何故このような使われ方をしたのか確認して対処したいと思います」と結んでいた。

一方城内氏は、七月二七日の公式ブログで街頭演説などと合わせて、真鍋かをりのポスターを支持者に配布しながら支援の輪を広げるという日々を掲載していた。

城内氏はマスコミ等でこのことが問題になりインタビューを受けたが、「事務所からの許可を受けていると聞いている」と答えたものの、釈然としない様子。自身のブログでは「都内在住の知人の好意で、真鍋かをり氏所属事務所より、ご本人の写真をお借りして、掲載許可をいただいた上でポスターを作成しました」と無断使用でないことを強調していた。

そんな矢先の七月三一日、掲示した数百枚のポスターは撤去された。さらに城内氏のホームページからも真鍋かをりさんの対談動画が削除され、騒動は急展開で終結した。

同日、ポスター作成を仲介した業者の社長が経過説明のコメントを出し謝罪した。

「今年の六月頃、城内氏の後援会との間で二人のポスターを作成する話が持ち上がった。掲載許可と写真を入手し、城内氏後援会側に掲載許可が取れた旨を伝えた。しかし、私からの説明不足で真鍋さん側に正確な意図が伝わらず、今回の事態を招いてしまった……双方の関係者に多大な迷惑をかけたことを心よりお詫び申し上げる」

八月三日、城内氏は「真鍋さん自身、真鍋さんの事務所、ファンの方々に御迷惑をお掛けしたことをお詫びいたします」「仲介した会社と真鍋さんの事務所との間で十分に了解が得られていなかったようだ。私たちはご了解いただだいたと思っており、無断使用していないと思っている……お詫びは申し上げるが、趣旨が伝わっていなかったとすれば非常に残念です」と述べた。

こうしたトラブルに至った大きな理由は、すべて確認・了承が口頭で行われているということだ。口頭・口約束でも法律上は契約は成立するが、間に仲介人を入れたり、第三者から第四者といったようにクッションが入れば入るほど口約束は信用ならない。

たしかに仲介した社長に非がある。しかし、仮にも元衆議院議員。確認文書等の必要性を感じなかったのだろうか？　またポスターを印刷する前に、ブログに掲載する前に、真鍋さんの事務所への確認、承諾をどうして得なかったのだろう？

仲介があろうが、手紙ひとつ、電話ひとつ真鍋さんの事務所に連絡さえも入れていない。入れていればこんなにもお互いがダメージを負う必要はなかった。

8 店名「シャネル」が不正競争防止法に抵触

二〇〇八年三月一二日、有名ブランド「シャネル」の商標を管理しているスイス法人が、神奈川県横須賀市内の「スナックシャネル」の経営者を相手取り、店名の使用差し止めと一三〇〇万円の損害賠償を求めた訴訟の判決が東京地裁であった。

市川正巳裁判長は、「シャネル社の高級なイメージを損ね、営業上の利益を侵害した」と述べ、店名の使用禁止と二五〇万円の賠償を命じた。

スナック経営者は、二〇〇五年九月から「スナックシャネル」の営業を始めていた。判決は、「シャネルの店名で営業する行為は不正競争防止法に抵触する」と指摘、損害額は営業規模と使用期間から算出し、弁護士費用を含め二五〇万円となった。スナックの経営者側は口頭弁論に出頭せず、答弁書も出さなかったという。

「シャネル」という店名は過去にも最高裁が、千葉県内のスナックに店名使用を禁じる判決を出している。しかし、その後も「シャネル」の不正使用は続き、国内約三〇〇店に使用中止を求める警告書を送付している。

現在、約三〇店舗の不正使用があるといわれ、日本法人法務部は、今後もブランドイメージを守るため厳しく対処する姿勢を示している。

9 社保庁が著作権侵害、賠償命令下る

社会保険庁は同庁を批判する記事を庁内システム電子掲示板に載せ、職員が閲覧できるようにしていた。執筆者でジャーナリストの岩瀬達哉さんはそれを著作権侵害だとし、損害賠償などを求めた訴訟を起こし、二〇〇八年二月二六日、その判決があった。

東京地裁は、約四二万円の支払と記事の掲載差し止めを国に命じた。

社保庁側は、著作権法で定める「行政目的の内部資料は必要な限度で複製できる」との規定にあたると主張していたが、設楽隆一裁判長は「掲示板に記事を記録した行為は、原告の公衆送信権の侵害に当たる。規定の複製権についての定めで、適用されない」と退けた。

判決によると、岩瀬さんは二〇〇七年三月、四月発売の週刊現代で「まやかし社保庁改

革を撃つ」というタイトルで記事を四回にわたり掲載していた。社保庁は、それを庁内LANシステムの「新聞報道掲示板」にこれらの記事を掲載。提訴後の二〇〇七年六月にそれを閉鎖した。

この事例は、著作物を組織内で閲覧する場合でも著作権に配慮し、無断使用は避けなければならないことを示している。

10 弁護士が被害女性の相談内容をブログに無断掲載

二〇〇九年一月一四日、弁護士がストーカー被害女性からの相談内容を無断で自分のブログに掲載していた件で、東京弁護士会はこの弁護士を業務停止一カ月の懲戒処分にした。

同会によるとこの弁護士は二〇〇六年九月、佐賀県の女性から、ストーカー行為に対する警告や相手男性からの金銭要求を拒否するための相談を依頼された。対応として、ストーカー男性に内容証明郵便を送付し、メールで数回ほどのやり取りをしていた。同年一〇月にはその男性とも直接面談していた。

業務停止処分を受けた弁護士は自分のブログに、依頼人女性に承諾も得ず、「本当の被害者は男性といったほうがよさそう」と書き込んだ。その後弁護士はその女性と考え方に違いがあるとして辞任し、その後、男性の名前と女性の名前をイニシャルにして相談内容や経過、女性らの発言、メール内容までブログに載せたという。

この弁護士は東京新聞の取材に対し、事実関係を認めた上で「イニシャルなので依頼者の特定はできない。中傷ではないので許される」と話していた。

弁護士会も大甘の懲戒処分だが、弁護士としての基本的な感覚を疑わざるを得ない。イニシャルで表現すれば他人のプライバシー権はおよばないのか、依頼主の個人情報を公開してもいいのか?

そういった問題以前に、これが著作権侵害行為でもあることを認識すべきだろう。

第4章

著作権とビジネス

1 インクカートリッジ訴訟――キヤノンとエプソンの明暗

二〇〇七年一一月九日、使用済みインクを再注入して販売するのは特許侵害だとして、「セイコーエプソン」（長野県）が再生品販売最大手の「エコリカ」（大阪市）に販売差し止めなどを求めた訴訟の上告審で、最高裁第二法廷は、エプソンの上告申立を受理しない決定をくだした。これによりエプソン敗訴の一審、二審判決が確定。

インクカートリッジの再生品をめぐっては、キヤノンがリサイクル業者を相手どった訴訟の判決で、最高裁はキヤノンの特許権を認めて新たな基準を示したが、エプソン訴訟では一、二審とも「特許自体が無効」として、特許侵害の判断はしなかった。

エプソンは敗訴、キヤノンは勝訴。その大きな違いは何だったのだろう。

この問題は、メーカー対リサイクル業者の壮絶な戦いだ。エプソンは二〇〇一年、カートリッジのインク漏れを防ぐフィルムなどの構造に関する技術の特許を取得したが、一、二審判決は「エプソンの発明は新規性がなく特許は無効」と判断し、そのためリサイクル製品が特許権を侵害していないとした。

一方のキヤノンも、プリンター用の使用済みインクカートリッジにインクを再注入して販売するのは特許侵害にあたるとして、オフィス用品販売会社「リサイクル・アシスト」（東京都豊島区）に販売差し止めを求めた。これについて最高裁は、リサイクル会社に販売禁止を命じた。

キヤノンのインクカートリッジ訴訟で最高裁は、「環境保護」などの観点から注目が集まっている再生品について、「特許侵害があれば許されない」という基準を初めて示した。ここがキヤノンとエプソンの勝敗を決めたようだ。

2　ディズニーパレードDVD販売

二〇〇七年一〇月三〇日のこと。千葉県警生活経済課と浦安署は、浦安市にある「東京ディズニーリゾート」のパレードなどの映像をＤＶＤに収録し、ネットオークション経由で無断で販売した男女計四人を、著作権法違反の疑いで逮捕した。

映像自体はプロの作品と呼べる水準のものではないが、ディズニーの公式作品に収録されていない期間限定のパレードの映像だったため人気が出たという。県警の調べによると約二七〇〇万円を売り上げたとみられている。

逮捕されたのは東京都練馬区の会社員、その妻とその他二人の計四人。この夫婦は二〇〇六年八月三〇日から九月二〇日にかけて、都内の男性会社員ら五人に対し、ディズニーランドやディズニーシーで撮影したパレードやショーの映像を収録したＤＶＤ八枚を、各一万～一万五〇〇〇円（計一二万五〇〇〇円）で販売し、著作権を侵害した疑い。

この事件は撮影機材とネットオークションの普及という現代社会ならではの状況を反映しているといえる。誰でも手軽にコンテンツの「作り手」「売り手」になることができる典型例だが、当然意識しておくべき著作権への認識の甘さが浮かび上がったかたちだ。

3　中国人画家が一流ホテルを著作権侵害で提訴

二〇〇七年一〇月二三日、中国の画家が自らの絵画を無断で利用され著作権が侵害されたとして、北京市内の五つ星ホテル北京国際飯店に損害賠償を求めていた訴訟で、同市の東城区人民法院知的財産法廷はこの日、二一・六万元の支払いを命じる判決を下したと中国法院網が伝えた。

この画家は北京市民の日常生活を描いた色鉛筆画に定評のある楊信氏。同ホテルは無断で楊氏の作品約七〇点をレストランの壁画やテレビのコマーシャルに使用していた。このため楊氏は著作権を侵害されたとして、七〇〇〇万元の損害賠償を求めて提訴していた。

訴えられていたホテルは「外注業者の行為であり、自らの過失ではない」と反論していたが、裁判所は「北京国際飯店は著作権を侵害しており、支払われなかった報酬について相応の責任がある」として、賠償の支払を命じた。

著作権侵害が日常茶飯事の中国でこのような判決が出されたと聞けば、今後中国は大きく変わるのではないだろうかと思ってしまうが、現実的に言って中国での著作権問題はまだまだ深い闇の中のようだ。中国の知的財産法廷の今後には、ぜひ期待したい。

4 橋本知事の似顔絵黙認

大阪府池田市の第三セクターが、橋下徹大阪府知事（当時）の承諾なしで知事の「似顔絵入り岩おこし」を発売することをめぐり、二〇〇八年七月二四日、橋下知事は「承諾していない。肖像権・パブリシティ権の侵害の可能性もあることから、法的措置を含め具体的な対応を検討する」とマスコミに向けて抗議のコメントを発表した。

イラストが使われているのは、池田市の第三セクター「いけだサンシー（3C）」が同年七月二六日から販売を計画しているもので、岩おこしの箱と包装紙と菓子を包む袋に橋下知事のイラストを描いているという。

大阪府池田市の第３セクターが販売していた橋下知事の似顔絵入り岩おこし「大阪維新なにわのまちお・こ・し」

大阪府は商業目的で知事のイラストを使うことは認めておらず、二三日には使用中止を求めていた。

これに対しサンシー社は、「知事には六月中旬にイラスト入りのサンプルを見せたが、特に指摘がなかったのでよいと判断した。今のところ販売を中止する予定はない」とマスコミにコメントしていた。

橋下知事は池田市の倉田薫市長から一ヵ月ほど前、販売について相談があったことを明らかにした上で、「四三市町村のイラストもつくったら」という程度のアドバイスをしただけだという。

しかし、「法的措置も含め……」と言ったにもかかわらず、翌二五日には「肖像権の侵害などで池田市や三セクを訴える考えはない」と突然発言内容をひるがえしてしまった。

一体、この背景には何があったのだろう？

そもそも池田市の倉田市長が「大阪にちなんだお

菓子を作れないか」と市が出資している町おこし会社「いけだサンシー」に依頼して発案したのがきっけで、すぐにパッケージの見本が作られ、市長が知事に直接見せたのがことの始まりだ。その時、橋下知事は何も意見がなかったために、倉田市長は了承と判断し発売のゴーサインを出したという。

橋下知事は、「事前に相談はあったが、承諾していない」とカンカンになり、倉田市長は「異論はあるだろうが、知事の町おこしを応援する商品だ」と対決姿勢を見せていた。さらに池田市側は「公人には肖像権はない」と強気だった。

池田市の倉田市長は、府市会会長として市町村への補助金を削減しようとする橋下知事とは激論を交わした間柄であり、その模様はテレビでも放映されて多くの人は覚えているだろう。

一般的には公人と呼ばれる政治家には肖像権はないと言われており、今まで政治家の似顔絵のついたお菓子として、宮崎県の東国原英夫元知事、安倍晋三首相、小泉純一郎元首相のものなどが有名だが、肖像権をめぐっての争いはないという。

しかし、争いがないからといって公人、政治家には肖像権がないということには結びつかない。法律にそのような規定はないからだ。

この池田市のお菓子は、倉田市長が発案し、「いけだサンシー」が企画した「大阪維新なにわのまちお・こ・し」で、「岩おこし」を「まちおこし」とかけ、「なにわ」の頭文字と「徹」の名前から「泣いとおる」「睨んどおる」「笑っとおる」の三種類に橋下知事の似顔絵を描いてある商品で、大阪市生野区の製菓店が五〇〇〇個製造。二六日から大阪空港や池田市内など約一〇店舗で販売し、売上の三分の一は橋下知事が提案していたイルミネーションの事業費に寄付されるという。

七月二五日、騒ぎが大きくなってきたためか橋下知事は一転し、肖像イラストの使用に関して、「盛り上がるのなら使ってもよいが、品質保証できない」と述べるにとどまり、使用を認めてしまった。また、「僕の立場なんて肖像権もない。法的措置は取らない。オモシロおかしく大阪が話題になるなら」「ものすごい広告になったでしょ」とも発言した。

この発言の裏側には、「商品のすべてを府や後援会が品質保証したわけではない。そこだけはわかってほしい」と、あくまでも府の公認ではないという立場を強調した。

橋下知事も倉田市長も、出来レースと言われつつ、この反響に喜んでいるようだ。

七月二六日。この橋下知事の似顔絵入りの岩おこし「大阪維新なにわのまちお・こ・し」は大阪空港内の売店から売られ始め初日から売上は上々だったという……。

大阪府政策企画部秘書室のホームページには次のようなことが書かれていた。

〈橋下知事のキャラクター等について〉

・橋下知事の氏名、写真、映像の商業目的での利用は、原則できません。また、大阪府が、橋下知事のイラスト等のキャラクターを作成・使用することは一切ありません。

・もし、橋下知事に似たイラスト等のキャラクターが、商品包装等に使用されていましても、大阪府は一切関知いたしません。もちろん、大阪府が、当該商品の品質を保証するものでもありませんので誤解のないようにお願いします。

・無料での氏名、写真、肖像等の使用、あるいは知事の名誉を傷つけるもの等については、法的措置を含めて対応を行なうことがあります。

これでは、雑誌や新聞などのイラストや漫画の風刺物などは別だが、橋下知事の肖像を入れた商品販売を認めてしまったことになるのではないか。府側は品質の責任は負わないと表明しているが、一般市民はこの橋下知事のイラストによって安心して購入しているわけなのだから、一切の責任がないとはいえない。

品質の責任を負えない商品に、橋下知事の似顔絵が入っているという事態を今一度考えてみる必要があるだろう。

どう考えても法律家の考える表現ではない。

5　「白い恋人」「面白い恋人」の戦い

二〇一一年一一月二八日、北海道札幌のホワイトチョコレート菓子「白い恋人」製造販売元である石屋製菓が、大阪の吉本興業の菓子「面白い恋人」に対し、商標権侵害として商品の販売差し止めを札幌地裁に提訴した。

吉本興業といえばお笑い産業で、当然この場合もパロディ物のひとつなのだろうが、本家の石屋製菓にしてみればただ事ではない、と感じたのであろう。

この「白い恋人」はホワイトチョコレートをクッキーで包んだお菓子で、北海道土産では定番と言える存在である。二〇〇八年度の売上は七二億円に達したという。一方、「面白い恋人」はゴーフレットで二〇〇八年夏から売り出し、かなりの売上をあげているお菓子だ。

石屋側では「長年築き上げて来た白い恋人ブランドにただ乗りしている。商道徳・コンプライアンスの欠落は厳しく非難されるべきだ」と批判し、訴訟では約一億二〇〇〇万円の損害賠償を請求している。

この場合、当然だが、「面白い恋人」を販売している吉本興業側が発売する前に石屋製菓と相談する必要があった。これから協力関係を築いていくのは困難かもしれないが、両社で力を合わせて事業展開するなどの交流があればむしろ互いにプラスとなるはずである。早く解決して、「白い恋人」「面白い恋人」同士が仲良くなってほしいものだ。

そう思っていたところ、二〇一三年二月一三日、札幌地裁でこの訴訟の和解が成立した。

和解内容は、吉本興業が「面白い恋人」の商品名で販売・製造を続けることは認められるが、四月一日以降、当事者間で合意したパッケージデザインに変更すること、「面白い恋人」の販売は原則、関西六府県に限定することなどが盛り込まれ、賠償金は支払わないことで合意した。

両社のコラボレーションまでは至らなかったが、妥当な着地点だと思われる。

6 スキャン代行訴訟「実質的勝訴」作家が訴え取り下げ

ここ数年、いよいよ電子書籍時代の到来かと騒がれている。実際は端末の乱立が続き、一気に電子書籍化が進む様相ではないが、徐々に電子書籍を読む人が増えているのも実感する。

電子書籍には、あらかじめ出版されている紙の本をデータ化したものも含まれるが、書籍を裁断、スキャンしスマートフォンやパソコン、タブレットなどで大量に持ち歩けるデータにすることを俗に「自炊」と呼ぶ。これをユーザーに代わって行う「スキャン代行業者（自炊業者）」が二〇一〇年ごろから人気を博し、多くの業者が参入し始めていた。

一般ユーザーが個人的な目的で書籍をスキャンする「自炊」自体は著作権法上の「私的複製」として認められている。しかし版元側にすれば、ビジネスと化した実態は著作物の私的使用の範囲を超えており、著作権法違反（著作権法第二一条「複製権の侵害」）ではないかと主張し続けて来た。

二〇一一年九月になって、出版社七社、作家・漫画家一二二人の連名で、スキャン代行業者に対し公開質問状を送った。これには浅田次郎氏、大沢在昌氏、永井豪氏、林真理子氏、東野圭吾氏、弘兼憲史氏、武論尊氏といった錚錚たる顔ぶれが含まれていた。

これに対して多くの業者はスキャン事業を見直すと回答したが、二社だけは継続すると回答した。そのためこの二社を対象として提訴したが、最終的にスキャン業者はこのままでは不利と感じたのか、すぐに廃業してしまう。

これを受け二〇一二年五月二二日、原告側は訴えを取り下げた。

そもそも「私的使用」とは自らが行うこと。自分自身で行うのが原則で、専門業者に依頼すること自体、私的使用の範囲を超えていると言わざるを得ない。

7 ピンクレディにはパブリシティ権がない?

二〇一二年二月二日。ピンクレディのｍｉｅさんと増田恵子さんが週刊誌『女性自身』に無断で写真を掲載され、パブリシティ権を侵害されたとして、発行元である光文社を訴えた裁判の判決が出た。

最高裁第一小法廷の桜井龍子裁判長は、「肖像自体を鑑賞の対象として商品に使用する場合などにパブリシティ権が侵害される」との初判断をした。ピンクレディ側は約三七〇万円の損害賠償を求めていた訴訟判決でのことだったが、上告は棄却され敗訴が決定した。

今まで、「パブリシティ権」とはいうものの、具体的な判例における明確な答えが見当たらなかったが、今回の判例で明確になったといえる。今までパブリシティ権については、著名人が自分の氏名や肖像から生じる経済的利益を独占できるとされていたが、実際には法律で明記されているものではなかった。そのため今回の訴訟は、権利の内容や保護範囲についてどのような判断が下されるのか、業界内でも注目されていたのだ。

最高裁小法廷では、このパブリシティ権の定義について、「肖像などは商品の販売を促進する顧客吸引力を有する場合があり、これを排他的に利用する権利」だと初めて判断をした。その上で、①ブロマイド写真などの肖像自体を鑑賞の対象として使用する場合、②キャラクター商品のように、商品の差別化を図る目的で使用する場合、③商品の広告として使用する場合にパブリシティ権が侵害されると判示した。

ピンクレディの今回のケースに関しては、「ダイエット記事に関する内容を補足する目的で使用されたもので、顧客吸引力の利用を目的とするものではない」として、光文社側の賠償責任はないとした。写真が掲載されたのは、二〇〇七年二月一三日発売の女性自身で、ピンクレディの振り付けを真似てダイエットするという記事で、ステージ写真など一四枚が掲載された。

裁判ではピンクレディ側は敗訴したが、疑問も残る。それは、著名人だというだけで商品の顧客吸引力の利用目的でないとの理由だが、記事は三ページに渡りピンクレディの写真を一四枚も使用する必要があったのか、使用することによって「ピンクレディダイエット」というタイトルまで付けて、読者に見せようとしている意図が感じられるものである。

それも無断で使用しているわけだから、たとえパブリシティ権にはあてはまらないと裁判所が判断していようが、その掲載写真は撮影者に著作権のあるものである。撮影者の許可がなければ、むしろ著作権侵害でもあるし、撮影者側にピンクレディ側が許可を与えた撮影写真であれば、場合によってはピンクレディ側の権利も主張できるはずである。

しかし、どちらにしろ無断使用である。この判決を解釈すれば、今後商品の使用でなく、記事での掲載であれば、芸能人のすべては無断で勝手に自由に使用できることになるが……。

8 公正取引委員会がJASRACに立ち入り検査

二〇〇八年四月二三日、社団法人日本音楽著作権協会（JASRAC、ジャスラック）に公正取引委員会が独占禁止法違反（私的独占）の疑いで、立ち入り検査を行った。

二〇〇一年一〇月に著作権管理事業法が施行され、音楽の著作権に関して新規参入が可能になったにもかかわらず、JASRACは業界での独占的地位を組織力や著作権数で圧倒的に占めている。

今回の公取委の立ち入り検査は、テレビで放送される音楽の使用料をめぐり、JASRACと放送局との間で、他の同業者の参入を阻害するような契約を結んでいたことが発端だ。

ＪＡＳＲＡＣはＮＨＫや民放各局との間で、著作権を管理しているすべての曲の放送や放送用の録音を一括して認めるという「包括契約」を結んでいる。これは使用料を、実際に使用した回数にかかわらず、各放送局の前年度の放送事業収入に一・五％を乗じた額と定めている。

放送局側には使った曲ごとに対価を支払う「曲別契約」という形態もあるが、コストや労力がかかるため実際には採用していない。

ちなみに業界関係者によると、二〇〇六年は各放送局から計約二六〇億円を集めているという。

このような契約形態では著作権を管理する事業者にとっては不平等であり、競争が阻害される恐れもある。

音楽の著作権に関しては、一九三九年施行の「著作権に関する仲介業務法」で「小説」「脚本」「楽曲を伴う歌詞」とともに「楽曲」として分類され、この分野の管理は文化庁長官がそれぞれ一団体のみに許可してきた、そのためＪＡＳＲＡＣは二〇〇一年までの六二年間、楽曲の著作権管理を独占してきた。ＪＡＳＲＡＣは著名な作詞家や作曲家が役員に名をつらね、圧倒的な権威とネットワークをもち、圧倒的な曲数の著作権を集中管理している。そして、広い範囲において使用料を徴収する仕組ができ上がっている。

現在のＪＡＳＲＡＣに著作権の管理を委託する作詞・作曲家は約一万四五〇〇人で、二〇〇六年度の徴収額は約一一一〇億九八三二万円、分配額は約一一〇六億五九九八万円だという。

まるで一人勝ちの音楽著作権ビジネスといえるだろう。

公取委がＪＡＳＲＡＣに立ち入り検査をした狙いは、著作権保護を目的に六〇年以上も事業の独占が認められてきた業界に、新規参入を可能にし、競争を促し、利用者により安くサービスを受けられるようにすることだ。

公取委はこの独占状態にどこまで風穴をあけられるだろうか？

9　ＪＡＳＲＡＣ、私的独占で公取委排除命令を受ける

二〇〇九年二月二七日。公正取引委員会はＪＡＳＲＡＣに対して独占法違反（私的独占）で排除措置命令を出した。これはテレビなどで放送される音楽の著作権使用料をめぐり、ＪＡＳＲＡＣが他業者の新規参入を阻んでいるとしての排除命令だ。

ＪＡＳＲＡＣの「包括契約」についてはは前節で述べたが、公正取引委員会はこの契約形

態のため新規参入の業者を阻害していることになっていると指摘。ＪＡＳＲＡＣにこうした契約形態の解消を命じる方針を明らかにした。

ＪＡＳＲＡＣ側はこの日記者会見を開き、「事実認定、法令適用とも誤っている」として審判請求する方針を明らかにした。

しかし、このまま放置しておけば他の著作権管理業者や民間著作権管理業者の新規参入はままならず、新規事業者の管理する曲が放送でほとんど利用されないことになってしまう。公正取引委員会の目指しているのは、放送局などがより安価で楽曲を使用でき、同時に作曲者などの著作権者がより多くの使用料がもらえる環境作りである。また音楽著作権管理事業者が自由に新規参入でき、一つの団体の独占産業ではなく広く自由な競争が生まれることを望んでいる。

またＪＡＳＲＡＣは公益法人であり、著作権管理の委託を受ける公的性格の強い組織で、社会的責任は民間企業より重い。

この問題の発生には公正取引委員会が独自に調査した過程で、新規参入した民間著作権団体が排除されたケースが発覚したことから始まった。

この会社は港区の「イーライセンス」で、同社は二〇〇六年一〇月に大手レコード会社から人気歌手の大塚愛さんや倖田來未さんなどのアーティストの一部の曲について管理を委託された。しかし番組などではほとんどが流されず、結局、二〇〇七年一月にレコード会社から契約を解除されてしまった。

二〇〇一年、誰もが自由に著作権の管理事業が行える「著作権管理事業法」という法律が生まれ、音楽の分野での新規参入が民間でもNPOでも参加出来るようになったが、現実はなかなか厳しい世界といえる。

十数年前、ある人気アーティストがマスコミにこう発言した。

「日本はおかしい、著作権管理団体がひとつしかない。これでは日本のアーティストが育たない。著作者自ら自分の音楽を管理する団体を選べないなんて不思議だ。これではその団体のいいなりになってしまう、自分たちの音楽の主張も出来なくなってしまう。音楽の世界はもっと自由競争でいい」

結局二〇一二年六月、公取委はJASRACに対する排除措置命令を取り消す審決を行ったと発表した。

10 世界無形遺産「雅楽」演奏家とJASRACの騒動

雅楽《ががく》は現在、重要無形文化財であり、世界無形遺産として認定されているもので、平安時代から存在する古来日本に伝わる伝統芸能である。

二〇一二年一二月、日本の伝統音楽・雅楽の演奏家、岩佐堅志氏のあるツイートが拡散され話題になった。

二〇一二年九月に行った公演について、岩佐氏のもとにＪＡＳＲＡＣの担当者から、公演で使用した曲に対して著作権料を申告するように連絡が入った。これに対し岩佐氏は「一〇〇〇年前の音楽には著作権はありません」と担当者に教えたそうだ。岩佐氏の受けた印象では担当者は上から目線だったそうで、雅楽を「がらく」と言ったという。

ネット上の騒ぎを受け、ＪＡＳＲＡＣは公式サイト上に事情説明文を掲載した。

それによると、ＪＡＳＲＡＣでは管理楽曲の利用を確認せずに著作物使用料の支払いを求めることはない、と前置きし、今回の騒動に対して「管理楽曲の利用が定かでない演奏会の場合、主催者の方に電話や書面等でご連絡をし、管理楽曲のご利用の有無を確認させていただくことがある」「著作権消滅等、管理楽曲のないことが確認できた場合には、当然著作権料の支払いは必要ございません」「雅楽は平安時代から伝わる古典芸術であり、通常は著作権が存在するような楽曲ではありません」「しかし、現代雅楽など著作権が存続する楽曲がこれら催物において利用される場合もある」と事情を説明し、さらに「問い合わせのやり取りの中で、ご不快な思いをお持ちになったとのことがありましたので、このことにつきまして直接本人にお詫び申し上げました」と謝罪したという。もちろん岩佐氏もこれらの騒ぎに対して謝罪の言葉をつづり最終的に和解となった。

今回の騒動は意思疎通のすれ違いといったものだが、もしＪＡＳＲＡＣが杓子定規に著作権料を請求しているとすれば、その官僚的体質は問題と思われる。

第5章

商標ビジネス最前線

1 「大隈重信」を商標登録

最近は何でも商標登録を取ってしまえば勝ちという風潮があるようだが、その範囲は歴史上の人物にまで及んでいる。

福島県須賀川市の食品販売会社が二〇〇一年、「大隈重信」を特許庁に商標出願していることがわかった。大隈重信は早稲田大学の創始者で、総理大臣を務めた佐賀県出身の政治家だ。

特許庁によると、出願されたのは二〇〇〇年七月のことで、商品は日本酒、洋酒、果実酒、中国酒、薬味酒など。この登録が認められてしまえば、他の業者はこの会社の許可なしで使用することが出来なくなってしまう。

この食品会社の営業部長は読売新聞の取材に、「佐賀とは何の縁もないが、早稲田創始者として有名なので出願した。佐賀の製造会社が造った酒を取り扱いたい」と発言した。

これに対し、早稲田大学の広報課は東京新聞に「大学にとって最も重要な人物。名前を独占排他的に商業目的で使用されることは看過できない」とコメントを出した。

また、大隈重信のひ孫にあたる大隈和子さんは、「無断で名前を使って欲しくない」と不快感をあらわにしており、近く両者とも特許庁の届出を認めないように訴えるという。

ただし現行の商法上では、歴史上の人物についての規定がなく、基準さえ満たしていれば遺族の承諾なしでも登録されることがある。

この事態に特許庁では「ノーコメント」としているが、悪用されることも視野に入れた対策が求められる。

2 「吉田松陰」「高杉晋作」「桂小五郎」まで商標登録

二〇〇八年二月一八日、「吉田松陰」「高杉晋作」「桂小五郎」など幕末の志士たちの名前を、貸金などを業務とする東京の会社が商標登録していたことがわかった。

三人の出身地である山口県萩市はこの日、特許庁に登録取り消しを求める意義申立をしたと発表。山口県は、「遺族や三人を敬愛する郷土の人たち、国民の社会的感情を著しく損ね、公序良俗を害する」と主張した。

萩市によると、商標登録は二〇〇五年六月に宮城県の会社が出願し、二〇〇七年に登録の審決が下り、一〇月に商標権の名義が東京の会社に変更された。対象品目は、「吉田松陰」「桂小五郎」が食用油脂、加工水産物などの食品に。「高杉晋作」は、食品に酒類や清涼飲料水も加えている。

市は、「人物の名声に便乗した利益取得が目的といわざる得ない」と指摘。さらに、「歴史上の著名な人物に関しても独占排他的に権利を主張すること自体認められるべきではない」として、商標登録制度の改正も求めていくと発言している。

二〇一〇年一月一三日、特許庁は企業の商標登録申請を取り消した。これは萩市の異議申立を認め、「歴史上著名な人物と出願人との関係は認めらない」と指摘し、「商標登録を認めることは社会公共の利益に反する」とした。

また、山口市では同市出身の詩人「中原中也」を第三者に登録され、商品化されることを恐れ、市が商標登録を申請していたが、市が申請人であっても特許庁は商標登録を認めなかった。特許庁は理由として、「市が独占的に使うと観光振興などの施策を阻害する恐れがある」と述べた。このような経過により二〇〇九年一〇月より特許庁では審査便覧を改訂し、著名な歴史上の人物の商標登録審査を厳しくするようになった。この判断にはそういった背景があったのだ。

3 『黒の商標』復活！ ブランド乗っ取り商標ビジネス

昔、『黒の商標』という小説があった。

「商標屋」と呼ばれる闇のブローカー達の話で、彼らは日本国内で活動している企業の会社名や商品名の商標を調査し、登録されていないことを知ると自らが商標登録しその同名の企業に高く売りつけるといったビジネスをしている。それを断る企業はその商標を一切使用できなくなるだけではなく、すべての印刷物、看板、商品パッケージ、社名までも改めなくてはならなくなる。そのため企業は泣く泣く相手の要求する費用を支払わざるを得なかったり、膨大な費用を請求され泣き寝入りしなくてはならなくなる……。

こういった話は現実に日本国内で起こってきたことだったが、今度は中国や台湾が日本の農産品ブランドを狙って、日本側に多額の金を請求し売りつける「商標ビジネス」が暗躍しはじめている。

二〇〇九年一月四日、この事態を受け、農林水産省は登録申請を監視する機関「農林水産知的財産権保護コンソーシアム」の設置を決めた。一月中にも試行を始め、現地商標当局のインターネットサイトを見張ることとなった。そして、日本の産地名などが見つかると自治体に知らせ、異義申立をする。

この監視機関は四月に正式発足し、国内の民間調査機関に事務所を置き、中国と台湾の弁護士事務所とも協力しあう。また、都道府県にも参加を呼びかけ、運営費の負担を求める。独自で監視する自治体もあるが、農水省は力を合わせて共同で監視する方がより効果的という。

中国や台湾では、申請された商標を当局でネットに掲載するが、利害関係者は審査終了から三カ月以内に異義申立ができる。

実際、「コシヒカリ」「あきたこまち」「ひとめぼれ」「讃岐」などが商標登録されていた。また、チェックには難しさも伴う。例えば「コシヒカリ」は中国では「越光」と表記され、「山梨勝沼」の勝が中国では「胜」になるため、見逃してしまう可能性も大きい。

さらに大きな問題は、異義申立や無効審判は可能だが、取り消しまで四年から五年かかり、なおかつ費用がかかることだ。

ちなみに中国・台湾で現地企業・個人が商標申請した地名は、登録済みは青森、岩手、秋田、福島、群馬、長野、千葉、神奈川、愛知、三重、富山、石川、福井、京都、和歌山、山口、高知、徳島、愛媛、佐賀、熊本、甲府、川崎、博多、加賀、越前、三河、信州、近江、宇治、讃岐、土佐、薩摩、九州。申請中のものには、北海道、宮城、静岡、奈良、広島、香川、福岡、宮崎、鹿児島、山梨勝沼などがある。

ある日本の酒造会社は、中国に輸出した日本酒の銘柄を登録した中国人から、一五〇〇万円で商標権を買い取ったという。あまりに理不尽に思えるが、無効審判までに時間がかかりすぎると判断したための対応だと関係者はいう。

4 「奥巴馬（オバマ）」が中国で商標登録された！

二〇〇八年一一月七日付の中国紙によると、米大統領選に勝利したオバマ氏にちなみ、中国企業で同氏の名前を使った商標登録申請が、確認されただけで一六件にのぼっているという。

また驚いたことに医薬品やラーメンなど、オバマ氏とまったくの無関係な商品が多いという。

中国で最初に商標登録を申請したのは広東省の薬品会社で、オバマ氏が中国で注目を集め始めた二〇〇七年二月、ヨードチンキなどに「奥巴馬（オバマ）」と名付けて申請したのが始まりだという。三月には浙江省の靴メーカーが靴やベルトなどのブランド名を「美・奥巴馬」と名付けて申請した。ちなみに「美」は中国語で米国のことを指す。

二〇〇八年に入ってからも上海や武漢の業者がインスタントラーメン、コーヒー、木材、ビール、健康器具の商品で、「貝拉克（バラク）奥巴馬」「ＯＢＡＭＡ」と名付けて申請。中国の業者は「注目度は中国でも高く、商品価値も確実に上がる」とマスコミにコメントした。

知的財産権に関して世界一疎いと言われてきた中国。他人の財産権など関係ないと海賊版を次々と登場させてきた中国。今度は他人の他国の知的財産権の盲点に狙いを絞ってきた。

中国は儲かることならなりふりかまわずあらゆるモノ・コトを利用しようとしているのだろうか？

こんな風に日本もかなり狙われている。

中国や台湾の企業・個人が、「旭川」や「函館」など北海道の知名を現地で相次いで商標登録をしているという。一度登録されてしまうと、地元企業などが中国に進出した際、これらの地名を商品や社名に自由に使えない可能性が出る恐れがある。

しかし、日本の自治体などの大半がこの登録自体をを認識しておらず、対策の遅れが目立っている。商標は食品、医療など商品やサービスの種類ごとにあり、中国、台湾の特許関連省庁で既に登録された地名は、「旭川」七件、「小樽」三件、「函館」二件、「釧路」

「十勝川」「根室」各一件ある。

地名だけの登録は本来、日本と同様に中国や台湾でも禁止されているが「審査担当者が地名だと分からなければ登録されてしまう」と特許庁はいう。

登録は中国、台湾とも出願の早い申請を優先する「出願主義」のため、香川県の「さぬき」が台湾で登録され、現地で営業していた日系のさぬきうどん店が看板撤去を請求された例もある。

商標は、「登録すべき」と公告されてから三カ月まで異義申立は可能だが、取り消しまで四年から五年、和解費用を含めると約数千万円かかることもあるという。たとえば「青森」が中国で申請された例では、青森県が二〇〇三年に異義申立をしたが、取り消しまで五年近くかかっている。

繰り返しになるが国内の自治体のほとんどはこうした実態を把握しておらず、防衛策すら講じていないのが実状だ。

特許庁では、防衛策として自治体などに海外での申請状況の監視や地名入り商標の事前登録を薦めており、既に山形などは台湾などで登録している。

5 「ジャッキーチェン棺桶」「アンディ・ラウソーセージ」発売

二〇〇九年七月一四日。香港を代表するアクションスター、ジャッキー・チェン（中国名・成竜）が棺桶商品として登場した。またアンディ・ラウ（劉徳華）がソーセージとなって登場。これは前にも紹介した中国での商標登録ブームを受けたもので、なんでも商標登録で押さえてしまえば儲かると考えているのだろう。

しかしこのブーム、当分終わりそうもない。

日本の商標法では「他人の氏名を含む商標は登録できない」と定めているが、中国の法令には人物名の商標登録を禁止する規定がないため、誰もが出願すれば他人の氏名を登録できてしまう。中国紙「北京日報」によると、特にジャッキー・チェンは「成竜」名の商標登録が数十種類にのぼっているという。スターの名前と同じ発音で異なる漢字を当てはめて登録されているケースも多いという。

ちなみに男性用避妊具の商標に歌手の名やサッカーのベッカム選手の名前、アパレル関係では「孔子」の名が登録されているという。

これらはさらに過熱し、そのうち中国国内ではほとんどが商標登録されてしまい、何も出来なくなってしまう恐れもある。問題はやはり中国政府にある。

6 「ミシュラン」の商標を勝手に使わないで!

二〇〇七年一一月、マスコミ各社、出版関係者に、「ミシュラン」の名称及び☆☆☆星評価システムに関する注意喚起の文書が送られた。以下に引用する(一部略)。

「ミシュラン」の名称を使用しないことのお願い

拝啓、貴社益々ご清栄の事とお慶び申し上げます。

さて、突然ではございますが、弊社の略称「ミシュラン」は、タイヤの商標として、また、世界有数のタイヤメーカーであってF1自動車レースや世界ラリー選手権、およびモーターサイクルレースを協賛する会社の略称として、世界のみならず、日本市場におきましても充分に著名となっているものと確信しております。また、ご案内の通り弊社は毎年、複数の国において、ホテルやレストランのガイドとして「ミシュランガイド」(レッドガイド)を発行しております。その中で、レストランのクオリティを判断するために星印による評価システムを採用しております。このガイド及び星印格付システムは、おかげさまで世界中において好評を博しており、今月には東京版が発行される運びとなっております。ガイド発行前であるにも関わらず、既に日本では「ミシュラン」の名称及び星印評価システムが広く知れ渡っているものと考えております。

ところで、昨今、レストランその他ランチ、およびその他の多種多様な分野で、クオリティを比較する手法またはその名称として、弊社が採用している星印格付システムとともに、弊社の略称である「ミシュラン」の商標を出版物やウェブサイトに使用している出版業者の方々や、個人ウェブサイトのオーナーの方々が数多く見受けられます。先刻ご承知の通り、「ミシュラン」は弊社の登録商標であり、かつ社名の著名な略称でもあって、他人に無断で使用されるべきものではありません。弊社は強い意思をもって書籍その他関連商品並びにインターネットにおける表示等に関し、ミシュラン商標の使用を排除し、独占権の積極的な防御を図ることを考えております。無断使用に対して何ら対処を行なわない場合、弊社の業務に係る商品あるいは役務と出所の混同を生じるおそれがあり、弊社が何十年もの長期に渡り商標に化体させた業務上の信用を毀損し、著名性が稀釈化されるおそれがあります。

従いまして、弊社の略称であり、かつ世界的に著名な登録商標でもある「ミシュラン」を無断で使用しないこと、及び星印品質評定システムを使用する際には、特に許可なく

「ミシュラン」の名称を併用しないように、厳にここにお願い申し上げる次第であります。

たしかに、書店に行くとこの手の便乗本が目立つ。「ミシュランが選んだお店」「ミシュランに選ばれたお店」というような表現だ。ほとんどが使用許可を取っていない無法地帯であることも事実だが、すべてのものに使用してはならないと勘違いしている人も多い。

わたしの地元八王子市の高尾山はこのミシュランに選ばれ、富士山と並び認定された地域だ。

しかし、八王子市の広報やホームページ、その他大手出版社が八王子に関する本を出しているが、ほとんどがこの注意文を意識しているのか、せっかく選ばれたというミシュラン三つ星の言葉を利用していない。

ここでの注意点は、「ミシュラン」という言葉を営利目的で便乗商法的に使うこと、または表現の仕方に問題がある。著作権法第三二条では「引用」ということも認められており、その「引用」の範囲ならば何ら問題がない。

ただ、法的に問題がなければそれでいいのかという問題も残るが、必要な場合は必ず許可を取ることも大切な礼儀のひとつといえる。

私が二〇〇八年に出版した『高尾界隈』（日本地域社会研究所）では、序文にこの「ミシュラン」のことを書いた。もちろん法的にはまったく問題はないが、確認・許可は礼儀として取ったものだ。

7 コカ・コーラ、ついに立体商標が認められる

コカ・コーラの瓶に権利があるかどうか、立体商標として認められるかが争われた訴訟の判決が、二〇〇八年五月二九日、知財高裁であった。

判決では立体商標登録を認めなかった特許庁の審決を、「極めて強い識別力がある」と判断して取り消した。飯村敏明裁判長は「コカ・コーラの瓶入り商品は一九五七年の国内販売の開始以降、驚異的な販売実績を残し、特徴を印象づける広告も重ねられ、ブランドシンボルとして認識されている」と指摘。結果、商標登録を受けられることになった。

「立体商標」とは、文字や模様に限られていた商標登録が、一九九七年四月施行の改正商標法で、特徴的な人形や容器、看板など立体物にも適用されることになった。ありふれたものは認められないが、長い間使用されて認知度が高く他商品と識別できれば認められる。早稲田大の「大隈重信像」やケンタッキーフライドチキンで有名な「カーネルサンダース像」などは登録されている。

コカ・コーラの容器は米国、ロシア、中国など数十カ国で登録を受けているが、日本では例がなかった。実際、サントリー「角瓶」やヤクルトの容器は、立体商標登録を認められていない。

判決は、①同じ形状の無色の容器を示した原告側の調査で六〜八割の人が商品名を「コカ・コーラ」と解答したこと、②形状に関する歴史やエピソードなどを解説した本が多く出版されている、③同じ特徴を持つ容器の清涼飲料水は流通していない――などを識別能力があるという理由として挙げた。

この判決は、今後わが国において立体商標を認めうるか否かの基準になると思われる。

8 ネーミングでまちおこし――「高幡不動」を商標登録

二〇〇八年一二月一一日、東京日野市の高幡不動尊金剛寺が地元のPRに役立ててもらおうと、寺の代名詞「高幡不動」の四文字を商標登録した。

高幡不動尊は関東三大不動の一つに数えられ、年間約二〇〇万人の参拝客が訪れている。

この商標登録というアイデアについては、一年前に出入りの業者と寺側の雑談の中で生まれたという。

不思議なことに参道周辺で売られている土産物というと「高幡まんじゅう」や「高幡せんべい」などはあるが、「高幡不動」という名称の商品がなかった。寺の川澄勝貫主らが二〇〇八年六月に特許庁に商標登録を申請し、このたび登録された。

注目すべき点は、商標を使用したい店や団体は金剛寺に申し込む必要があるが、使用料は無料だということ。これは地元のＰＲに役立てたいという高幡不動尊金剛寺の願いからだという。これにより地元の商店会は「高幡不動」のネーミング効果を考え、オリジナル商品を開発していくのだという。

地域の活性化として商標登録を活用した好例となるだろう。

第6章

著作権はいつまで続く？

1　一九五三年公開『シェーン』の格安DVD販売

一九五三年に公開された映画『シェーン』の廉価版DVDの販売を巡り、米国の映画会社「パラマウント・ピクチャーズ・コーポレーション」など二社が著作権を侵害されたとして、東京都内の廉価版DVD制作会社など二社を相手取り、販売差し止めなどを求めた裁判の判決が、二〇〇七年一二月一八日、最高裁第三法廷であった。

藤田宙靖裁判長は、「一九五三年に団体名義で公表された映画の著作権は五〇年後の二〇〇三年一二月三一日で消滅している」と述べ、パラマウント社側の上告を棄却し、DVD制作会社の勝訴となった。

これで映画の廉価版DVDを巡る著作権侵害訴訟がやっと終了したわけだが、最高裁がこの判断を示したのは初めてのことだ。

一九五三年は『ローマの休日』『東京物語』といった数多くの名作映画が公開された時期。この判決によって、これ以前の作品はすべて著作権が消滅したといえる。

判決によると、改正前の著作権法では、著作権の保護期間は映画の公開後五〇年と定められており、『シェーン』の場合、著作権は二〇〇三年一二月三一日で切れるはずだった。

しかし、二〇〇四年一月に映画の著作権を七〇年とする改正著作権法が施行された。文化庁では「一二月三一日の終りと一月一日の始まりは連続している」との理由から、「一九五三年公開の映画の保護期間も七〇年間まで延長される」との見解を示しており、パラマウント側も文化庁と同じ見解に立って主張していたが、判決は文化庁の見解は誤りと指摘した。判決に対し文化庁著作権課は、「裁判所の理解が得られなかったのは残念」とコメントを出した。

この判決により業者側は「良い作品を広く提供できるようになった」と歓迎しているが、注意しなければならないことがある。

最高裁は一九五三年公開の映画の著作権の保護期間は既に消滅しているとしたが、この判決をもって、一九五三年以前に公開された映画すべてが認められることにはならない。旧著作権法は、公開年を基準とした保護期間以外に、監督など著作者の死後三八年は保護されるという別の基準も規定している。このため、黒澤明作品やチャップリン作品の廉価版ＤＶＤを巡る訴訟では、いずれも五三年以前に公開しているかが問題になっている。

東京地裁では、著作者の死後規定を適用しＤＶＤの販売差し止めを言い渡している判例もある。この点はあまり知られてはいないが、著作権の法改正にともなうねじれ現象がおこっているのである。

2 チャップリンDVD訴訟二審も販売差し止め

その死後規定が適用された例として、次のようなケースもある。

二〇〇八年三月二八日。『独裁者』など有名なチャップリン映画のDVD販売で著作権を侵害されたとして、著作権を保有する海外法人が東京のDVD製造業者二社に損害賠償を求めた訴訟の控訴審判決が知財高裁で言い渡され、約一〇〇〇万円の賠償と販売差し止めなどを命じた一審判決を支持し、業者側の控訴を棄却した。

業者側は「著作権の保護期間が消滅した」と主張していたが、宍戸充裁判長は、「旧著作権法では、映画の全体的形成に寄与したものが著作者とされ、チャップリンは原作、脚本、監督、出演などをしており該当する。著作者の死後三八年間は著作権が保護され、消滅していない」と判断。

提訴された二社のうち、コスモ・コーディネート社（東京）に対しては、黒澤明監督の作品をめぐって東宝など三社が同様に提訴していた。

一審はいずれも著作権侵害を認め、知財高裁に持ち込まれた。コスモ社は「映画は映画会社などが著作者で、旧著作権法は団体名義の著作権は『公表後三三年間で消滅する』と規定しており、既に保護期間は終了した」と主張していた。

判決によると、対象は一九一九～五二年公開の九作品で、チャップリンは一九七七年に亡くなっている。二社は無断で複製して販売会社に提供し、DVDは一枚五〇〇円で書店などで販売されていた。

3 格安DVD黒澤明作品、二審も販売禁止に

二〇〇八年七月三〇日、「生きる」など黒沢明監督（一九九八年死去）が初期に撮影した一〇作品の映像DVDを無断販売されたとして、東宝と角川映画が業者に販売差し止めなどを求めた二件の訴訟の控訴審判決で、知財高裁は、差し止めと在庫の破棄を命じた一審判決と同様、業者の控訴を棄却した。

田中信義裁判長は「旧著作権法の規定によって、著作者の一人である黒沢監督の死後三八年間は、著作権は保護される」として、二〇三六年までは保護期間が存続すると指摘した。これで二審も販売禁止となる。

この裁判は、映画の著作権が映画監督にあるのか、映画会社にあるのか、というのも争点のひとつである。

二〇一三年一月に亡くなった大島渚監督などは、生前から「映画監督には著作権がある」と主張し続けていたが、現実は著作権者の存在が曖昧なため、我が国の映画監督は不遇の時代を送っていた。映画監督は映画製作の費用をもらうだけで、その他のテレビでの再映やDVD、ネット上の放送などに関する著作権収入というものもなく、自らが再上映したくとも権利がないとも言われてきた。その中での今回の判決は、画期的ともいえる。

今回の判決からすると、黒澤明監督作品のうち一九五二年以前に公開された作品についても、それが「黒澤明個人の著作権」か「映画会社の著作権」かによって、著作権保護期間が満了しているかどうかが異なる。映画会社の場合「法人著作（公表後一〇年）」となり、監督個人の場合は「個人著作（死後五〇年）」となるため保護期間が違う。著作権の保護期間が満了していれば誰でも自由に使えるわけだから、問題は何もない。

チャーリー・チャップリンなどは監督、制作、脚本、音楽、編集、出演などを同時に兼務しており、強い権限をもって制作しているため、彼の映画は映画会社だけでなく、むしろ「チャップリンの個人の著作物」とされている。チャップリンと黒澤明監督の場合とを比較して考えれば、「黒澤明監督でしか制作不可能な映像と内容」のため、黒澤監督没後三八年（公開当時の法律。現在は映画の著作権は公表後七〇年と改正されている）と計算することになり、保護期間は二〇三六年一二月三一日まであるとされた。

この判決は日本で初めて、映画監督に著作権があると認められた事例である。

4 仏像著作権侵害事件

東京文京区の光源寺の観音像を巡って、著作権裁判が行われた。これは仏像彫刻家の故西山如雲氏が制作した浄土宗「光源寺」の十一面観音菩薩立像（高さ約八メートル）について、弟の西山三郎氏が、仏頭をすげ替え拝観させているのは著作権侵害に当たるとして、三郎氏が寺などを相手取り、仏頭の復元を求めていたもの。

二〇〇九年五月二八日、東京地裁は著作権侵害を認め、仏頭を戻すよう命じた。東京地裁の大鷹一朗裁判長は、「仏頭が、如雲氏の思想や感情を表現する上で重要なのは明らか。すげ替えは重要部分の改変に当たる。仏頭は寺で保管されており、元に戻すことは可能だ」と指摘した。

しかし、この仏頭のすげ替えはなぜ起こったのだろう？　また、仏頭に著作権が本当にあるのだろうか？

この観音像は江戸時代の一六九七年に造られ、地元では「駒込観音」と親しまれていた。しかし、一九四五年五月の空襲で焼失したため、如雲氏らが一九八七年に再建を引き受け、一九九三年に完成させたもの。ところが寺側は、檀家などから観音像の睨みつけるような表情を変えてほしいという要望を受け、二〇〇三年から如雲氏の弟子だった仏像彫刻師の岩渕俊亨氏が頭部を作り直したのだ。

この判決のポイントは、江戸時代に製作された仏像に、著作権侵害を認めたところにある。

当然、著作者の死後五〇年で著作権は切れているわけだから、誰もが自由に使用することができるはずだ。ただし、寺に保存されているものはその寺に所有権があるので、仏像を使用する場合は寺の許可が必要になる。

この観音像の場合、一六九七年に造られ一九四五年に空襲で焼失し、如雲氏らが一九九三年に再建し新たに完成したわけだから、著作権は如雲氏にある。また、寺に著作権が譲渡してあったとしても、著作者人格権が残っているわけだから、元の著作者の許可なく無断で改変、改良することは著作者人格権侵害にあたる。

無断で頭をすげ替えてしまったとなれば、著作権侵害及び著作者人格権の同一性保持権の侵害行為となるのだ。

このように著作者の死後であったとしても、著作権が侵害された場合は、遺族が原状回復を請求することができる。

第7章

こんなところにも著作権

1　えっ、ピラミッドにも著作権があるの？

二〇〇八年一月一二日付の共同通信によると、ピラミッドやスフィンクスなど多彩な古代遺跡を誇るエジプトで、遺跡や発掘品の複製品を対象に題材の「使用料」を課す法律の導入が検討されているという。この異例の著作権法案は近く議会で本格審議されるという。

エジプト考古最高評議会のザヒ・ハワス事務局長は、販売目的で作られた複製品が対象となる見通しだと説明しており、具体的には遺跡の発掘品を模した土産物などを念頭においているという。徴収された使用料は遺跡の維持管理費にあてるという。

また、現在ピラミッドなどを模した建造物を呼び物にするテーマパークやホテルは海外にも多く、新法の適用対象とするかは今後検討するという。さらに、ザヒ・ハワス事務局長は「法律が成立すれば、世界各国で一律に適用される。これでわれわれの権益が守られる」と話す。

はたしてこれは適切な措置と言えるだろうか。

まず、ピラミッドやスフィンクスの著作権は一体誰にあるのか。もちろん著作者にあるのだが、著作者は死後何千年もたっている。ましてや著作権は世界法であり、エジプトのみ限定の法律となるには難しい。

著作権を新しい収入源とする試みは素晴しいとは思うが、これは無理があるのではないだろうか?

たとえば敷地内での撮影に関しては、許可なく撮影することを禁じ、撮影する場合は撮影料を徴収すればいい。しかしそうなると、観光客が記念写真を撮る場合も撮影料を請求することになり、映像や写真を自由に撮ることができなければ観光収入が減る恐れもあるだろう。

古代遺跡の維持管理は重要だが、観光資源としての魅力を削ぐような措置は、エジプトにとっても望ましくないだろう。

2 入れ墨は著作物か?

二〇〇九年七月二九日、東京地方裁判所が「入れ墨は著作物である」という判決を下した。

この裁判は「入れ墨」が著作物として認められるかどうかが争われたもので、東京地裁の岡本岳裁判長は入れ墨に「思想が創作的に表現されている場合」は著作物にあたると判断した。

この裁判は、ある男性が自分の出版した自叙伝の表紙に自らの身体に彫られた入れ墨を彫師の名前を掲載せずに勝手に使用したということで、使用した男性とその本を出版した出版社を相手取り、「著作者人格権を侵害された」として彫師が訴えを起こしたもの。裁判所は被告に対し、彫師に四八万円を支払うように命じた事件である。

被告の男性ははお金を払って自分の身体に入れ墨を入れたのであるから、自分のモノだということを主張したが、裁判所はその入れ墨は著作物であり、著作権、著作者人格権があるものと認定した。また、その本の表紙の扱いは画像処理が行われており、セピア色に加工されていたため、勝手に改変したとされ「著作者人格権侵害」とされた。

裁判所の判決文には「下絵の作成に際しての構図の取り方や仏像の表情等に創意工夫を凝らし、輪郭線の筋彫りや描線の墨入れ、ぼかしの墨入れ等に際しても様々な道具を使用し、技法を凝らして入れ墨を施したことによるものと認められ、そこには原告（彫師）の思想、感情が創作的に表現されていることができる。したがって、本件入れ墨について、著作物性を肯定することができる」とある。

この判決は日本中の入れ墨を入れている者たちにとって、衝撃を与えたと思われる。

昔は入れ墨といえば特殊な世界の人達のものだったが、現在はファッションの一部として捉えられることも多い。入れ墨の是非はさておき、入れ墨を入れる者の心理は、何かしら他人に見せたいという考えがあると思われる（自己満足の人もいるが）。そのため写真に撮ったり、本や雑誌に掲載している者たちもいる。さらに映像の世界でもその入れ墨が写されている場合もある。

今回の判決からすると、そういった場合、すべて著作者である彫師の許可が必要になる。そのため今後、入れ墨を入れてもらう者は彫師に彫ってもらう前に使用許諾を取る必要がある。もちろん代金を支払い、著作権を正式に譲渡されていたとしても、何らかの使用をする場合は彫師に許可をもらう必要がでてくる。

3　夢を失わせる手品の種明かし

テレビ番組で手品の種を明かされたとして、全国のプロ・アママジシャン九人が東京地裁に訴えた事件で、二〇〇八年一〇月三〇日、ついに判決がおりた。

これは、日本テレビとテレビ朝日を相手取り、慰謝料など約四三〇〇万円の賠償を求めたものだったが、東京地裁ではマジシャン側の請求を認めなかった。

もちろんマジシャン側は全面対決、控訴した。

事の次第は二〇〇六年一一月、日本テレビとテレビ朝日が、大阪市内の手品店経営者らが五〇〇円硬貨を削ったなどとして、「貨幣損傷等取締法違反容疑」で逮捕された事件を報道した。その際、コイン手品の種を明かしたということで、全国のプロ・アマのマジシャンが財産の共有を侵害されたとして訴えを起こしたのだ。

訴訟では、手品硬貨を使った手品の種明かしがコインの財産的価値を低下させたか、それによりマジシャンの名誉を傷つけたかどうかなどが争点となっていた。

判決は、「報道の範囲を超える内容ではなく、コインの財産価値を低下させたとはいえない。原告らを特定する表現はなく、マジシャンの社会的評価を低下させたとは認められない」とした。

日本奇術協会副会長の藤山新太さんはマスコミ関係者の前で会見し、「テレビで種明かしされてもマジシャンは泣き寝入りするしかない。種明かしは推理小説の結末を言うのと同じだ」とコメントした。

手品の種は一種の知的財産といえるものだが、特許権や商標権、著作権で守られているものではない。これを財産と見れば、営業秘密として徹底管理する以外に守る方法はないかもしれない。

4　図表に著作権はあるのか？

二〇一一年四月一九日、ある事件の裁判で、「図表の著作権」に関する判決が地財高裁で出された。

以前から図表などにも創作性があり、著作権があると業界内では言われ続けていたが、実際はどうなのか疑問視もされていた。単なる図、単純で創作性のない図などは著作権がないと言われてきた。しかし、図表だって時間と労力をかけ、わかりやすく色彩などを工夫して美しく表現されているものなのだから、権利がなければ誰でも簡単に利用できてしまう、それはおかしいという意見もある。

この事件は、住宅金融普及協会が自らのウェブサイトに「住宅ローン商品金利情報」を図表等により掲載していたものを、原告「銀行商品コム」が、無断掲載していたことに対し「住宅ローン商品金利情報」のウェブ差し止め請求とウェブページの閉鎖を求めたものであった。

裁判所は、図表には著作物性がないという判決を下した。裁判所は、「公表されたデータでありふれた表現である以上、創作性が認められない」と判断したのだ。

となると、今後は図表の使用は誰もが自由に無断で使用できることになる。ではそれを作成したものの労力や費用などはどうなるのだろう？　もし、数十万円かけて作成した図表をそのまま無断で使用されてしまったら、多額の費用をかけた企業には不利益が生じるのではないか。

たとえ著作権が主張出来なかったとしても、せめて不法行為として、混同を招くことを前提にしたと主張したらどうなのだろう。しかし、それでも裁判所は不法行為としても認めなかった。

5　写真をもとに水彩画をポスターに利用した著作権侵害

二〇〇八年三月一三日、東京地裁（設楽隆一裁判長）は、写真をもとに水彩画を描いたことが著作権侵害にあたるとし、九一万円の支払いを命じる判決を出した。

これは祇園祭の風景を撮影した写真をもとに、無断で描かれた水彩画を祇園祭りポスターに使用され、著作権を侵害されたとして、東京都武蔵野市のアマチュアカメラマンの男性が、八坂神社（京都市）と印刷会社などに計三〇〇万円の損害賠償を求めた訴訟の判決だった。

問題となったポスターは二〇〇三年～二〇〇六年に八坂神社が印刷会社に発注して制作されたもので、二〇〇七年にこのカメラマンの写真集の写真をもとに水彩画として使っていた。

訴訟では写真をもとに描いたという水彩画が、写真の「翻案」に当たり、著作権を侵害するか否かが争われていた。

設楽裁判長によると、この水彩画について、「全体の構成が写真の構図と同一である上、独特の色遣いなども酷似しており、写真が持つ本質的な特徴を感じ取れる」と指摘。「水彩画は写真を翻案したもの」と認め、著作権侵害に当たると結論づけた。また八坂神社は「著作者の使用許諾を直接確認することを怠った」と過失を認めた。

裁判所のいう「翻案」とは一体何だろう？

翻案とは二次的著作物のことをいう。つまり、原作として利用されたものが著作物だが、同様に翻訳などによって作成されたものも著作物になる場合がある。これを「二次的著作物」という。

二次的著作物は原作に基づいているためまったくのオリジナルというわけではないが、翻訳者によって翻訳の仕方に違いがあり、翻訳者の独自性が表現されることによっては、原作とは別の創作性が認められることになり、新たなる著作物として認められる。原作に新たな創作性を加えることによって出来上がった新しい著作物といえるだろう。

著作権法では二次的著作物のことを、「著作物を翻訳し、編曲し、若しくは変形し、又は脚色し、映画化し、その他翻案することにより創作した著作物」としている。

二〇〇一年六月に最高裁では、著作権法の翻案権に関して、「ある作品において、既存の著作物が持つ表現上の本質的な特徴を感じ取れる場合、その作品は既存の著作物の翻案に当たる」と示している。

6 写真の「写り込み」どこまで大丈夫？

今まで、例えばディズニーランドのキャラクターなどが人物等の記念写真などの背景に写り込んでしまう場合、単なる記念写真や記録写真としての私的使用の範囲であれば問題はないが、これがインターネット上のホームページやブログにその写真を掲載する場合には条件が発生していた。これらは著作権侵害行為が問われる恐れがあったのだ。それが二〇一二年の著作権法改正により、二〇一三年一月以降は侵害行為にあたらなくなることが明確化された。

しかし、だからといって何でも背景の写り込みだから自由に使用できるのかというとそうではない。「写り込み」として認められるのは「軽微な構成部分となるものに限る」とされている。「軽微な構成部分」であるかどうかはその著作物の種類、形態、内容等により個別に判断されるものとされている。そのため実際にどこまで可能かという割合がわからない。

また、「著作権者の利益を不当に害することとなる場合はこの限りではない」とのただし書きがあり、最終的には司法の場で判断される。ただこれはインターネットのホームページやブログ等に掲載する場合であり通常の私的使用は一切問題はないといえる。

つまり、「著作権者の利益を不当に害しない」という要件を理解すれば、そのキャラクターをメイン扱いして前面に掲載したりしなければ「著作権者の利益を不当に害する」ものでないことがわかる。また、その写真等を使用し販売に結び付けたり、広報、宣伝媒体として利用することなどは「著作権者の利益を不当に害する」ことになるといえる。

さらに、意図した被写体だけでなく背景に小さくポスターや絵画が写り込んだ場合や、街中で流れている音楽が偶然撮った映像に入った場合も、放送やインターネット送信しても著作権侵害に当たらないとしている。

偶然の写り込みに関しては、今までの制限よりはいくらか軟化したように思える。

第8章

ネット時代の著作権

1 知らないうちに有名人になってしまった男性の話

デジカメの普及は言うに及ばず、ケータイやスマートフォンにはほぼすべての機種にカメラが付いていることから、誰もが写真を気軽に撮るようになって久しい。また画像の保存や加工、送信なども容易であり、ネット上には個人の撮影したあらゆる写真が貼り付けられている状態だ。

「私は写真は撮らないから関係ない」という人もいるかもしれないが、記念写真やスナップ写真なら誰でも撮影していることはわかるが、私たち自身が知らないところで写真を撮られていたり、利用されている可能性も高い。

また、監視カメラが日常生活のあらゆる場面を記録するようになり、嫌だといっても無断で撮影されてもやむを得ない状況といえるだろう。

だからといって、無断で撮影した写真を勝手に利用することは、たとえ監視カメラであってもすべて違法、肖像権侵害にあたる。

ある日突然、身に覚えのない広告や他人のホームページに自分の顔写真が使われているのを見つけたら、どう思うだろう――二〇〇九年、こんな事件があった。

東京新宿区の写真素材販売会社が、一般市民の顔写真一〇〇枚を広告用写真素材集『百人の顔』として販売。それを購入した人が肖像写真を広告に使用し、肖像者とトラブルを起こしていた。

この『百人の顔』の中に収録されていた五〇歳の男性は、知らない間に二〇回以上さまざまな広告に掲載され、知らぬ間に有名人になってしまった。広告の内容は、投資、風俗まがい、ギャンブルといった分野のもので、会社から副業の疑いをかけられ会社を辞めさせられそうになったという。

この男性は会社の表彰で写真が必要になり、写真スタジオで証明写真を撮影した際、そのスタジオで「写真を利用させてほしい」といわれモデルになった。ただ何に使用されるか、いつ、どこで使用されるかは一切聞かされていなかった。もちろんお金など一銭も受け取っていない。

しかし、写真は次々と勝手に使用され、ある中古車販売のチラシでは「畑山」という名前で登場し、「セルシオ（トヨタ）を売って二〇〇万円儲けました」とセリフ付きで掲載されてしまった。さらに証券会社、パチンコ店、新聞販売店、保険のパンフレットなどでも無断で使われ、他人からは「モデルでもしているんですか?」などといわれる始末。

二〇〇八年一〇月には、スポーツ紙に載った広告にも登場し、「お色気浪漫!!」「こよいは私の出番です‼」の文字が入り、ネクタイ姿の写真が浴衣姿に修正されていた……。

これは笑い話では済まされない。フェイスブックなどでは、実名と写真をセットで掲載している人が多い。撮る方も撮られる方も、そして掲載する際も、今までとは違った意識が必要だ。

2 「着うた」装い違法配信

二〇〇八年一〇月二一日、京都府警ハイテク犯罪対策室は、一曲まるごと携帯電話にダウンロードできる「着うたフル」を装いヒット曲を違法配信したとして、兵庫県姫路市の無職男性(28)と川西市の会社員男性(53)の二人を逮捕した。「着うたフル」の違法配信の摘発で逮捕者が出たのは日本で初めてのことだった。

この無職男性は「着うたフル」を無料で配信するサイト「第③世界」を運営しており、日本レコード協会によると、同サイトは約二万曲が登録され、利用者は一〇〇万人以上という国内最大規模の違法音楽配信サイトで人気を集めていた。

主な収入源はサイトの広告料で、二年間で約一億二〇〇〇万円の収入を得ていたというのだから驚きだ。

調べによると、逮捕された二人はまったく面識はなく、メールでやりとりをしていたという。人気歌手の楽曲やテレビ番組のテーマソングを不特定多数がダウンロードできるようにし、レコード会社などの著作権を侵害した疑いだった。

海賊盤と呼ばれる違法コピーのCDやDVDは広く存在しているが、音楽配信や「着うた」の分野での著作権侵害として注目すべき事例だろう。

3　人気歌手の曲を無断配信した件で掲示板管理者逮捕

二〇〇九年四月二〇日、福岡県警生活経済課は著作権法違反（公衆送信権侵害）容疑で大阪産業大学二年生男子を逮捕した。

この大学生は人気歌手のアンジェラ・アキさんらの曲を著作権者に無断でインターネット上の掲示板サイトに張り付け、不特定多数がダウンロードできるようにしていた。

逮捕された本人は容疑を認めており、「後輩からやり方を教わった」と供述したという。この著作権法違反（公衆送信権侵害）でレンタル掲示板管理者を逮捕するのは全国初とのこと。

逮捕内容は、男性が二〇〇八年一二月から二〇〇九年一月の期間、自宅や大学のパソコンから自分が開設した掲示板サイトに、アンジェラ・アキさん、島谷ひとみさん、Ｐａｂｏが歌う三曲のデータを無断で張り付け、不特定多数に送信できるようにして著作権を侵害した疑い。著作権を管理している日本音楽著作権協会（ＪＡＳＲＡＣ）によると、このサイトには利用者からのリクエストを受けて三千数百曲が登録されていたという。

一月上旬福岡県警のネット犯罪担当の捜査官が発見し、連絡を受けたジャスラックは三月に告訴していた。

4 警察官の「ネット書き込み」で見えた身内への甘さ

二〇〇七年一一月八日、奈良県警の二〇歳の男性巡査が、インターネット上に書き込みをした。会員同士が情報交換のできる「ミクシィ」になんと、「明日は暴走族の一斉検挙」「国道でひき逃げ事件発生」などの捜査情報を頻繁に書き込み公開していたのだ。

情報は事件発生の一報や捜査着手の予定日、容疑者の逮捕まで、さらに驚いたことに勤務中に携帯電話などを利用して実況中継した書き込みがあった。

関係者によると、ミクシィの書き込みは二〇〇六年八月頃から始まり、巡査のプロフィール欄には、自らの名前、地域、誕生日職業欄には「公務員」「奈〇県×□署交通課」となっていたという。

ちなみに、八月二四日午後一時五七分には、「国道一六五号で追突事故発生！　追突された方負傷あり。追突した方は逃走の模様‼　ひき逃げやん」。それ以外にも容疑者が逮捕されると、「現在令状請求のため地方裁判所におります……」。

一〇月二日午前〇時二二分の書き込みには、「明日は某署の特別捜査本部がとうとう暴走族に対し逮捕令状が出たということで一斉検挙に着手するんで応援派遣で朝早く集合、んでボチボチ寝ます」。

このあまりにも軽率な行動に対し、県警は注意のみだという。

ミクシィの会員数は約一一〇〇万人（二〇〇七年七月三一日現在）。掲示板の閲覧は会員に限定されていて、書き込む人が「全体に公開」「友人まで公開」「友人の友人まで公開」と公開の範囲が設定できるようになっている。しかし、この巡査は「全体に公開」と設定していたため、閲覧した人からの情報で書き込みが発覚したという。

巡査は「友だちにしかみられないと思っていた」と話しているそうだが、県警の処分は甘すぎると言わざるを得ない。

5　名誉毀損「ネット中傷有罪判決」

二〇〇九年一月三〇日。自分のホームページの中で、外食店の経営者を「カルト集団」だと中傷したとして、名誉毀損罪に問われていた控訴審の判決が下りた。

判決は「インターネットの個人利用者が書き込んだ情報に限り、名誉毀損罪の適用を暖めるのは、被害者保護の点で相当ではない」と述べ、無罪とした一審・東京地裁判決を破棄し、検察側の求刑通り罰金三〇万円を言い渡した。

一審判決では個人がネットに掲載した情報について、「信頼性は低いと受け止められており、被害者の反論も容易」として、①わざと嘘の情報を発信した、②個人でもできる調査も行わず嘘の情報を発信した場合のみ名誉毀損が成立するという新たな基準を提示した。

中傷を書き込んだとされる内容についても、「事実ではないが、ネットの個人利用者に要求される程度の調査は行っている」と述べ、名誉毀損には当たらないと認定していた。

しかし控訴審判決では、「ネット上すべての情報を知ることはできず、書かれた側が反論できるとは限らない。見る側も、個人の発信する情報が一律に信用性が低いという前提で閲覧するわけではない」と指摘した。

ネット上での安易な書き込みに警鐘を鳴らす判決と言える。

6 「ブログ炎上」で初摘発

一般的にブログのコメント欄は、閲覧者が匿名で書き込めるようになっている。そのため、開設者の態度や言動に反感を持つ人から批判や中傷が殺到する「炎上」と呼ばれる現象が増え、数年前から社会問題となっている。

お笑いタレントのスマイリーキクチさんのブログ炎上事件は記憶に新しい。

この事件はキクチさんが、東京足立区で起こった女子高生コンクリート詰め殺人に関与したという趣旨の書き込みが多数寄せられ、キクチさんのブログが炎上し、二〇〇八年八月に警視庁に被害届を出した事件だ。

これを受けて警視庁は接続業者（プロバイダー）に接続履歴の開示を求め、書き込んだ男女一八人を特定した。さらにこれとは別に、不特定多数が利用するネットカフェからの書き込みを行った複数の人物がいたこともわかった。たとえば「人殺しがなんで芸人やるんだ」「死ね、犯人のくせに」「てめえは何をしたと思っているんだ」「殺してやる」などと短期間に数百件の書き込みをした女性は、脅迫行為として名誉毀損容疑で書類送検されている。

キクチさんの場合自分のブログだけでなく、ネット掲示板「2ちゃんねる」などでも一九九九年から中傷の書き込みが続いていた。今回の摘発者はそれらを参考にしてキクチさんを中傷していたという。キクチさんの事務所では二〇〇二年にホームページ上で「事件とはまったくの無関係」と告知したが、効果はなかった。

この事件は、誹謗中傷によるブログ炎上の加害者が一斉摘発されたわが国で初めての事件であり、現在のネット社会を象徴する一例といえる。

7 ネット殺人予告が三倍増「あおりサイト」

二〇〇八年六月に起きた東京・秋葉原の無差別殺傷事件はまだ記憶に新しい。しかし、その後二〇〇九年一月末までの八カ月間に、インターネット上の犯行予告に関する通報が警視庁だけで約二八〇〇件に上回っているという。ひと月当たりの通報は事件前の三倍を超え、一時は八倍を超える月もあったという。秋葉原の事件後、警視庁に通報された犯行予告により、全国の警察は八二人を摘発し、補導。三分の一は未成年だったという。

秋葉原の事件後からわずか一二日後の六月二〇日、東京都内の男性会社員が自宅パソコンで様々なサイトを閲覧するうちに犯行予告を話題にした掲示板を見つけた。「渋谷で大量殺人します……と書いたらヤバイだろ」「日本で大量殺人します。これはどう?」（原文のまま）

その直後、掲示板に反応が殺到し始めたという。「これはマズイ」「アウトだね」……。この会社員の書き込みは犯行予告を集めた別のサイトにも転載されていった。偽計業務妨害容疑で警視庁に逮捕されたのはそれから二カ月後。取調官からは、東京北区の田端駅周辺で一〇日間で延べ一〇〇人の警察官が警備に駆り出された。会社員は罰金五〇万円の略式命令を受けた。

8　ネット上の生贄に総攻撃

ある日、あなたの知らないところであなたの悪口や批判が他人のホームページやブログに勝手に掲載されていたとしたらどう感じるだろう?

悪口や中傷ぐらいなら気にしないという人もいるかもしれないが、それが身に覚えのない中傷やまったく事実に反することだったりしたらどうだろう?

それでも気にならない人もいるかもしれないが、仕事や私生活について勝手に公表されていたらどうだろう？　自分は何も発言していないのに名前を騙られ、あたかも自分の意見として公表されていたらどう思うだろう？

家族の生活が脅かされ、仕事の信用を失い、名誉を失う。他人への中傷とはこれ以上の衝撃を与える場合がある。

実は、私の知人が「2ちゃんねる」で中傷された。個人名、会社名、会社内容、銀行口座などの掲載にはじまり、会社の批判、中傷――「詐欺師」とまで書かれていた。

怒った知人は「2ちゃんねる」の掲示板で討論を始めることにした。周囲の者はそんな馬鹿者の相手などする必要はないと忠告したが、本人にとってみれば、ありもしないことを書かれ会社にも損失を与えられこのまま泣き寝入りしていても仕方ない、という思いで掲示板にメッセージを送った。

しかし、まったく話し合いにならない。怒りをあらわにした知人は感情的な文を送った。

すると一斉に彼の個人攻撃が始まった。最終的にはその攻撃は収拾がつかなくなり、次々と掲示板の参加者が攻撃を始め、彼はネット上で孤立してしまうかたちとなった。何を説明しても、きちんと対応しても歯止めがかからない。そして「バカ」「詐欺師」「詐欺集団」「人を騙して商売している」「うそつき」と掲示板が炎上した。

その後知人は、真剣に相手をしてしまい集団の餌食になってしまったと反省していたが、結果として会社の信用を失ってしまうという損失を受けた。

ブログ炎上の被害者はしばしば、自宅や会社、時には本人の顔写真や家族の写真、自宅の写真、プライベートなものまで勝手にネット上にさらされてしまう。

ホームページやブログは著作権、著作者人格権、肖像権、プライバシー権、個人情報など権利のカタマリともいえるもので、複雑な権利関係が絡み合っていることを知る必要がある。

個人のホームページやブログの内容は一般的な信憑性はないといわれてきたが、見も知らぬ他人の言葉で触発されてしまったり、事実ではなく単なる憶測だけで他人を攻撃したりと無法地帯に近い。またネット上では不特定多数の多くの人たちの目に触れるわけだから、「個人的な利用」とはいえない。むしろ「公なメディア」ともいえる。

警視庁は現在、事実無根の書き込みが拡散し新たな中傷を生むネット社会の悪弊に歯止めをかけようと必死だ。ネット先進国と呼ばれている韓国では二〇〇九年、ネット上の中傷を苦にして自殺した人気女優を契機に、「サイバー名誉毀損」という法律を新設する動きを見せている。

第9章

違法アップロード／ダウンロードとの戦い

1 ウイルス作成者は著作権法違反でしか逮捕できない？

二〇〇八年一月二四日。アニメ映画を無断で使ったコンピュータウイルスを作成し、インターネット上に流出させたとして、京都府警ハイテク犯罪対策室と五条署は、大阪府に住む二〇歳代の大学院生の男を著作権法違反容疑で逮捕した。ウイルスの作成者が摘発されるのは、日本で初めてのことだ。

まだ日本ではウイルス作成そのものを取り締まる法律がなく、ウイルスの拡散については野放し無法地帯ともいわれていた。今回はアニメ画像を無断使用したとする著作権法違反容疑でなんとか強制捜査にこぎつけ、逮捕、自宅捜索をすることができた。

調べによると大学院生は二〇〇七年一〇月〜一一月、作成したコンピュータウイルスを著作権のあるアニメ画像に付着させたうえ、ファイル共有ソフト「winny（ウィニー）」を通じてばらまき、不特定多数のパソコンに表示させて、著作権侵害した疑い。

ウイルスは「原田ウイルス」と呼ばれるものの悪種とみられ、アニメ画像のファイルを開くとウイルスが作動し、パソコン内に保存されたデータを破壊したり、個人情報を流出させたりするという。

この大学院生は、ウィニーのネットワーク内で、アニメ画像を流出させることで知られる大阪府と兵庫県内の三〇歳代の男性二人のファイルに見せかけて、ウイルスを流していたという。調べに対し、「有名なファイル名を使えば、ウイルスを蔓延させられると思った」などと供述している。

府警は二人についても、アニメ画像を無断でネット上に流したとして同容疑で逮捕。大学院生が二人以外の数人分のファイルに見せかけたケースもあり、府警が追及している。

2 ファイル共有ソフト「ウィニー」は著作権侵害にならない
——逆転無罪

二〇〇九年一〇月八日、「ウィニー開発者無罪」のニュースが日本中に流れたのはまだ記憶に新しい。元東大助手の金子勇被告がファイル共有ソフト「ウィニー」を開発した。そして、これがインターネット上で公開され違法コピーを勧めたとして、著作権法違反幇助《ほうじょ》の罪に問われた控訴審判決で、大阪地裁では、罰金一五〇万円とした一審京都地裁の有罪判決を破棄して逆転無罪を言い渡した。判決理由として小倉正三裁判長は、「著作権侵害を主な用途として勧めウィニーを提供したとは認められず、ソフトの公開は幇助に当たらない」とした。

この事件はファイル共有ソフトを使った著作権侵害をめぐって、開発者本人が刑事責任を問われた初めてのケースだ。さまざまな目的で利用できるソフトを公開したことで、悪用による著作権侵害の手助けをしたかどうかが裁判の争点であった。開発者は著作権侵害を目的として作ったものではない。また、唆しているわけでもなかった。結果として著作権侵害を誘発したからといって開発者が責任を負うものでもない、と大阪高裁は判断したのだろう。

だが、現実はどうだろう。コンピュータソフトウェア著作権協会が二〇〇八年に実地した調査では、ウィニーを通じて一日約六〇〇万のファイルが流通、このうち約九六％が著作権侵害に当たる可能性があるという結果が出ている。

ウィニーはインターネットを通じパソコンの使用者同士がさまざまなファイルを交換できる共有ソフトで、金子氏が二〇〇二年にネット上で無料公開したものだ。これは匿名のまま送受信ができるため、映画や音楽などの著作物の違法コピーが横行し、ウイルス感染でファイルが流出することもあり、公的機関や企業の個人情報漏洩が社会問題化した。現在でも一日あたり約二〇万台のパソコンで使われているという。

二〇〇三年に群馬県の自営業者らが著作権法違反で有罪確定、ゲームや映画のソフトを違法に送信可能な状態にできるのを手助けしたとして起訴された。二〇〇六年、東京地裁は「著作権を侵害する形で利用されることを認識、容認しており、幇助に当たるが、利益を得ていない」などとして罰金刑を言い渡し、互いが納得できず弁護側、検察側双方が控訴していた。しかし、高裁判決では金子氏に対して「違法ファイルを交換しないよう注意を喚起していた」と指摘し、幇助罪にはならず、ウィニーそのものも「価値中立ソフト」と位置づけた。

3 ファイル共有ソフトで韓流ドラマをネット送信した主婦逮捕

最近の著作権侵害はさらに大きく変化しだした。

それはネット上での侵害行為が目立ってきたことだ。小さな子どもから大人までネットを自由に扱える時代だが、ネットの世界は気をつけないと後で後悔してしまう。

秋田臨港署と県警生活環境課サイバー犯罪対策室は二〇〇九年一一月一日、公衆送信権侵害（著作権法違反）の疑いで由利本荘市の主婦（三九歳）を逮捕した。この女性は一〇月下旬ファイル共有ソフトShareを使い、著作権者の許可を得ずに韓国ドラマ「エデンの東」日本語吹き替え版をインターネット上で送信して誰もが見られる状態にしたという。

この共有ソフトを使った著作権違反容疑での逮捕は県内初のこと。同課によると、秋田臨港署のサイバーパトロールで発覚し、九月から調べを進めていたという。

一一月三〇日午前、同容疑者の自宅を家宅捜査し、パソコン等を没収。この容疑者自身もShareを使ってこの映画のファイルを手に入れていたという。

4 ファイル共有ソフトによる違法アップロード、全国一斉取り締まり開始

二〇〇九年一一月三〇日、この日は慌ただしかった。全国一〇都道府県の警察（北海道警、秋田県警、警視庁、埼玉県警、三重県警、京都府警、兵庫県警、徳島県警、岡山県警、佐賀県警）によるP2Pファイル共通ソフトShareの一斉取り締まりが行われたのだ。

この結果、このソフトを利用して著作権者に無断で音楽、映画、アニメ、ゲームなどの著作物を、不特定多数の第三者がダウンロード可能な状態にした著作権法違反（公衆送信権侵害）の容疑で合計一一人が逮捕された。今までこのような一斉取り締まりはなく、日

本では初めてのケースだ。

また、今回注目するべき点としては、これまでのような一次配信（ファイルを最初に公開すること）を行った者だけでなく、二次配信（公開されたファイルを第三者がダウンロードしてアップロード状態にすること）を行った者も逮捕されたということだ。これが大きな報道となった理由でもある。

二〇一〇年一月一日施行の改正著作権法では、違法ファイルのダウンロード（受信）自体が禁止され、さらに取り締まりが厳しくなった。

二〇一一年一月一四日。Shareによるコンテンツ違法アップロードを、今度は二三都道府県警が一斉摘発した。権利者で構成されている不正商品対策協議会（ACA）によると、この日の午後二時までに一八人が逮捕され、一月一一日から一四日の四日間で全国五〇か所を捜索し、アニメ『パクマン』などをShareでアップロードした疑いがある秋田市のフリーターの男性、漫画『魔法先生ネギま！』の単行本をShareでアップロードしていた福井県の会社員らが逮捕された。また、同時にファイル共有ソフトによる児童ポルノ禁止法違反を、二一道府県警で一斉摘発している。

さらに二〇一一年一二月一日。P2Pファイル共有ソフトなどを悪用した違法アップロードの全国一斉取り締まりが行われ、三〇人が逮捕された。警視庁によると、一一月二八日から三〇日の三日間で全国七六か所を捜索し、三〇人を著作権法違反（公衆送信権侵害）の疑いで逮捕したという。またＡＣＡによると、逮捕されたのは五二歳から二四歳の三〇人で、ほとんどがShare ユーザーだったが、アニメをBiTorrent でアップロードした疑いがある札幌市の女性や、オンラインストレージサイトでアニメなどをアップロードした疑いがもたれている熊本市の男性もいたという。

この一斉取り締まりは今回で三回目、摘発件数は二〇〇一年一一月のＷｉｎＭＸ事件以来、累計一二五件になったという。

よく、「私はダウンロードしかしていないから心配ない、大丈夫だ」という人がいるが、それは大きな誤りで、ファイル共有ソフトの性質上、ダウンロードしているということは同時にアップロードもしていることになる。今後もこのような一斉取り締まりが続き、次々と逮捕者が出てくるだろう。

5 「装置預かりテレビ番組」のネット配信は著作権侵害か？

二〇〇八年六月二〇日、インターネットを通じ海外など遠隔地でも日本のテレビ番組が見られるサービスは著作権を侵害しているとして、ＮＨＫと在京民放五社がサービスを提供している永野商店（東京）に、送信サービスの差し止めなどを求めた訴訟の判決が出された。

東京地裁の阿部正幸裁判長は、「永野商店は利用者が所有している番組を見るための機器の設置場所を提供しただけで……著作権侵害にはあたらない」と述べ、ＮＨＫと民放五社の請求を棄却した。

問題となったのは、永野商店の「まねきＴＶ」という送信サービスで、利用者は各自、地上波アンテナとネット回線を接続する機能を持つ機器を購入、永野商店に有料で預ける。永野商店は加入者から預かったこの装置を都内の事務所で一括管理し、事務所で受信した番組を有料で加入者のパソコンなどに送信していた。

ＮＨＫと在京の民放五社はこのサービスにより多数の人に放送する権利（公衆送信権）を侵害されたと主張したが、判決は「著作権侵害にあたらず」となった。

その後、この裁判は二転三転する。

二〇〇八年一二月一五日には控訴審が開かれ、知財高裁は「（永野商店は）権利侵害していない」として、一審と同じくテレビ局側の請求を棄却。

ところが最高裁では二〇一一年一月一八日の上告審判決で、永野商店を送信主体と判断し、著作権侵害を認め、適法とした第二審知財高裁判決を破棄した上で、損害賠償額算定のため、審理を知財高裁に差し戻した。

二〇一二年一月三一日、東京地裁の飯村敏明裁判長は、永野商店の提供するサービスは著作権侵害にあたるとして、事業の差し止めと損害賠償約一七〇万円の支払いを命じた。

この裁判の争点は、永野商店が送信主体にあたるかどうかであったが、二〇一一年の最高裁で永野商店が送信主体と判断されたことを受けての判決である。

永野商店、日本デジタル家電はこの判決に納得していない。

6 投稿動画サイト著作権侵害で、九〇〇〇万円の賠償命令

動画投稿サイト「TVブレイク」で楽曲が無断使用され著作権が侵害されたとして、日本音楽著作権協会（JASRAC）がサイトを運営している「ジャストオンライン」（東京）に、楽曲の差し止めと約一億二八〇〇万円の損害賠償を求めた裁判の判決が、二〇〇九年一一月一三日に東京地裁であった。岡本岳裁判長は著作権侵害を認め、配信差し止めと約九〇〇〇万円の支払を命じた。

このジャストオンラインは二〇〇六年二月に「TVブレイク」の名称で動画投稿サイトを開設。会員が投稿した動画ファイルを会員が視聴できるシステムだ。JASRACは著作権を管理している楽曲を含む二万件以上の動画ファイルが、同サイトに無断掲載されて

いたと主張、ジャスト側は「原告側の削除依頼にはすぐに対応してきた」と反論した。岡本裁判長は「本件のサイトは性質上、著作権を侵害する可能性が高いサービスで被告も認識していた」と指摘。プロバイダ責任制限法における発信者に該当するとして、ＪＡＳＲＡＣが著作権を管理する楽曲を含む二万件以上のファイルが視聴された回数を考慮して賠償額を算定した。

ジャストは「削除を求められたらすぐ対応した」と言うが、削除依頼がなくとも著作権侵害の恐れのあるものは判断できたはずだ。また、削除依頼があってから削除したとしても時すでに遅し。一度掲載してしまえばあっという間に不特定多数の者たちの手に渡ってしまう。

その後二〇〇九年一二月四日、ジャストオンラインはこの判決を不服として、知財高裁に控訴した。ジャスト社側は「何をすれば適法に運営できるのか、明確な判断基準を示さないまま、全責任をウェブサイトが負うべきだという判決は、納得できるものではない」として争う構えだ。

前回の裁判ではジャスト社がプロバイダ責任制限法で免責されない著作権侵害行為の主体に当たるかどうかなどが争点となっていた。一審判決ではジャスト社が「発信者」であることを認め、また動画の著作権侵害率が約五割に達していたため、著作権侵害によって利益を得ていたと判断され、損害賠償の支払いを命じられていた。

ジャスト社とＪＡＳＲＡＣとの間には包括契約の話し合いがあり、契約締結には至らなかったが、無条件で断った事実はなく、「ＪＡＳＲＡＣが契約の前提として要求している条件が非現実的（投稿動画の事前チェック）でできないため、見送らざる得なかった」と主張。また、和解を前提とした話し合いを進めていたが、「包括契約下での使用料とはかけ離れた、千万単位の高額な和解金が最低条件だったため、和解することができなかった」という。

ジャスト社は一審の判決について、個人が映像配信していくサービスが普及していく中、サービス上で流れるコンテンツに全責任を負うことはできないと批判、「ネットと著作権のあり方を問うべく、あえてリスクを覚悟した上で、国内に会社のサーバーを置いて事業を開始した」という。

しかし、このリスクは負けのリスクだ。動画投稿者の著作権侵害行為を増長させてしまうし、侵害行為に関するチェック機構がなければ、このサイトは無法地帯になってしまう。確かに動画投稿者が他人の動画（著作物）を無断で投稿しているのだから、投稿者自身も著作権侵害を行っていることは間違いない。原告側や裁判所はその一人ひとりを訴えることよりも、運営会社を訴えた方が手っ取り早いし、他の運営会社に対しても警告を与えることができる。

投稿動画を扱う場合、原則として著作権侵害に対するチェック機構が必要だ。運営している以上、物理的に不可能というならばやめるべきだろう。また、投稿者たちに他人の動画の無断使用が禁止であることも伝える義務がある。

7　違法動画一網打尽ソフト「とりし丸」登場

今やインターネットの動画サイトは花盛りだが、YouTube（ユーチューブ）などの動画サイトを見るとテレビ番組やＤＶＤからの録画が数多く投稿され、ほとんどは著作権利者の許諾を得ていないものばかり。これは無法地帯と呼んでも過言ではない。

各テレビ局は違法投稿に目を光らせ、見つけ次第対応をとっていたが、いたちごっこの状態だった。

違法動画を削除する場合、投稿サイト側に削除要請のメールを送らなければならず、削除要請メールを作成するには動画を検索し再生した上でＵＲＬを一つひとつコピーしてメールに張り付ける必要がある。だが検索に引っかかる動画は何万件にも上り、気の遠くなるような作業のため限界もあった。

読売テレビも「名探偵コナン」や「ヤッターマン」、「犬夜叉」などのアニメ動画を無許可で動画投稿サイトに流され頭を抱えていた。読売テレビの近藤五郎・著作権担当部長は読売新聞、東京新聞などにこうコメントした。

「違法動画削除専門の人を置くのは費用的にも無理。著作権担当者が削除要請だけやっているわけにはいかず、事実上お手上げだった」

「動画を再生し、URLをメールに張り付けるのに、一日に見られる動画は二〇〇件ぐらいが限度。どこまで見たかわからなくなる」

そこで読売テレビは、動画サイトに投稿される違法動画を見つけ、削除要請する作業を大幅に省力化したソフトを開発し、これが威力を発揮しているという。NHKや民放キー局でもこのソフトは採用され、九月から全国の放送局でも利用できるようになった。

このソフト「とりし丸」は、削除要請の作業が大変だと知った同局電波技術部の谷知紀英さんが約一カ月かけて自主的に開発したもの。「とりし丸」は最大で一〇〇〇件の動画をサムネイル表示することが可能で、違法と判断した動画をまとめて選択でき、ボタンひとつで削除要請メールが作成できる。

すでに削除要請した動画は「チェック済み」と表示され、ニコニコ動画などYouTube以外の動画投稿サイトとの横断検索も可能。この削除要請で読売テレビが著作権を持つアニメの違法動画が大幅に減ってきたという。

谷知さんは読売新聞に「『読売テレビの動画はすぐに消される』とユーザーに知れわたり、以前に比べて違法なものが少なくなった。効果は大きいと思う」とコメントした。

同局の担当部長は、「わたしたちは権利者で、本来（違法動画対策）はこちらがやるべきことではない。サイト側が自浄作用でやらないと無くならない。違法動画は一度野放しにすると、あっという間に増幅してしまう。権利者側が毅然とした態度を貫き通さないといけない」と語った。

8 ニコニコ動画に無断で五〇〇曲をアップロード

二〇一二年一一月一日、埼玉県警はインターネットの動画共有サイトにＡＫＢ48などの曲を無断で公開したとして、金沢市のアルバイト男性（26）を著作権法違反で逮捕した。

警察の発表によると同年六月八日から一七日の間、「フライングゲット」など八曲を「ニコニコ動画」に投稿し、レコード会社五社の著作隣接権を侵害した疑い。県警では日本レコード協会から相談を受けて捜査していた。

この男性はＡＫＢ以外にもアニメ関連の曲を多くアップしており、曲に合わせたアニメ映像を作っていた。アップした曲数も五〇〇曲以上だというのだから、半端な投稿でないことがわかる。「たくさん曲を流して視聴者に認めてもらいたかった」と男性は逮捕後に話していたという。

ネット時代のリテラシーとして、どこからが違法なのか、きちんと把握しておく必要がある。

ニコニコ動画の場合、ＪＡＳＲＡＣと包括契約を結んでおり、打ち込み、演奏、歌唱での利用方法は認められているから心配はないが、原曲のアップロードは違法となる。

また、ツイッターで既存の楽曲の歌詞をつぶやいた場合も、著作権使用料が発生する。これを請求、徴収するのはＪＡＳＲＡＣだが、ユーザーに請求するわけではない。支払うのはつぶやいた人ではなく、ツイッターの運営会社が支払うことになっている。ちなみに、ツイッターで歌詞をつぶやいて発生する著作権料は、そのうち手数料の一一パーセント差し引いた分がアーティストに支払われるそうだ。

9 東芝社員逮捕、「ダビング10」解除初摘発

二〇〇九年一一月二五日、愛媛県松山東署は、大手電機メーカー東芝の社員を著作権法違反容疑で逮捕した。この男性は、ＤＶＤレコーダーのハードディスクに録画したテレビ

のデジタル放送番組を、ＤＶＤディスクなどにコピーできる回数を一〇回以内に制限している「ダビング10」の機能を解除し、無制限にコピーできるソフトを販売したという。同署によると、「ダビング10」解除ソフトでの逮捕は全国初だという。

東芝広報室によると、この男性は長野県佐久市の佐久分工場に勤務、産業用の充電式電池などの開発を担当していて、小遣い稼ぎに行ったと容疑を認めているという。

二〇〇八年一〇月、男性は解除ソフトをネットオークションを通じて松山市の大学生などにダウンロードさせて手数料などを受け取り、二二都道府県の七一二人に販売して約四九万三〇〇〇円の利益を得た疑いがあり、さらに約一〇〇〇件も同様の手口で稼いでいたという。

「ダビング10」とはＤＶＤレコーダーに録画したテレビのデジタル放送番組を、ＤＶＤディスクなどにコピーできる回数を一〇回までに制限する機能で、二〇〇八年七月に始まった。それまでは一回コピーすると元のデータが消える「コピーワンス」が採用されていたが、これでは消費者の利便性にかけるとして緩和されたもの。ハードディスクに録画した番組をＤＶＤなどの記録媒体にダビングすると、一〇回目で元データが消える仕組みだ。

それを解除できるソフトを開発したのだから、これは素人には出来ない技だ。

10 違法ダウンロード刑事罰化

二〇一二年六月二〇日、インターネット上の海賊版動画・音楽をダウンロードする行為について、規制を強化するための著作権法改正案が参議院本会議で可決、成立した。この改正案は二〇一二年一〇月一日から施行される。

今までも著作権者に無断で音楽や映像をインターネットでアップロードすることは違法であり、刑事罰の対象として一〇年以下の懲役または一〇〇〇万円以下の罰金、または両方が科されていた。また、音楽や映像の「海賊版」をダウンロードすることについて、二〇〇九年の著作権法改正によって二〇一〇年一月一日から、個人的に利用する目的であっても、違法配信と知りながら音楽、映像、録音、録画する行為は刑罰がないものの違法となっていた。

ただ、刑罰のない法律はただの啓蒙運動のようで、実際には無断で違法複製、配信される「海賊版」はあとを絶たず、インターネットは無法地帯のまま放置されていた。二〇一〇年日本レコード協会の調査によると「違法配信サイトからの年間ダウンロードの数は、正規有料音楽配信の約一〇倍に相当する四三・六億ファイルと推定」された。

今回の改正法は、個人の違法ダウンロード行為にも刑事罰を設けており、警察などによる取り締まりが可能になる。罰則は二年以下の懲役、二〇〇万円以下の罰金、または両方になる。

これは、個人や家庭内における「私的複製」も同じ行為と見なさる。ただし、動画と音楽のみが対象であり、新聞記事などのテキスト情報、パソコンやスマートフォン、家庭用ゲーム機などは対象外である。

違法化により、例えば動画のバックミュージックや動画の中にある違法画像などにも注意が必要になる。さらにYouTubeなどに違法にアップロードされた動画にリンクを張るのも、著作権侵害行為にあたるといわれている。リンクを張りアクセスが増えれば、公衆送信権（著作権法第二三条一項）の侵害を幇助したとして罪に問われる可能性もある。

この改正、音楽関係者からは歓迎されているが、ネットユーザーからは次のような反発の声が相次いでいる。

「ダウンロード罰則追加によってダウンロード者を逮捕することよりも、アップロードを行う人々を逮捕したり、アップロードを助長しているサイトを閉鎖するべきだ」

「ダウンロード違法化を行うことによって音楽コンテンツが売れるようになるとは思えない」

「ダウンロードの人よりもアップロードをする者を取り締まれば、違法が減るはずだ」

日本弁護士連合会では、私的違法ダウンロード刑事罰導入に反対し、「当連合会では、違法ダウンロードに対する刑事罰の導入に関して、違法ダウンロードは、コンテンツ産業の健全な成長を阻害する恐れがある由々しき問題であるとの認識を持ちつつも、直ちに刑事罰を導入することには反対である」との意見表明をしている。

第10章
著作権の明日

1 北朝鮮文化省機関が日本テレビとフジテレビに放送差し止めと損害賠償請求

「国交のない国の映画の著作権は日本国内で守らなくていい」――こんな判決が、二〇〇七年一二月一八日東京地裁（阿部正裁判長）で出された。

この裁判は、北朝鮮文化省傘下の行政機関で著作権者でもある「朝鮮映画輸入社」（平壌市）と、北朝鮮映画の日本国内における管理を任されている「カナリオ企画」（東京都）が、番組内容で北朝鮮映画の映像を無断で使用したとして、日本テレビとフジテレビに放送差し止めと、五五〇万円ずつ計一一〇〇万円の損害賠償を求めた裁判だった。

当時、マスコミ各社はほとんど北朝鮮の映像を無断で流していたため、この裁判の行方に戦々恐々としていた。

裁判では、朝鮮映画輸出社に日本で裁判を起こす「当事者能力」があるかどうかという点が争点になった。被告であるテレビ局側の主張は、

「日本の民事訴訟では、『本国の法』で権利能力ありとされる者には当事者能力を認めている。輸出社が北朝鮮法で権利能力が認められているとしても、北朝鮮という未承認国の

法は『本国の法』ではない」

これに対し原告は、「未承認国であるか否かを問わず、当事者能力は認められる」と反論した。

著作権保護の国際条約「ベルヌ条約」には北朝鮮も日本も加盟している。つまり、未承認国だがベルヌ条約に入っているため、日本の著作権法でも保護されると原告側は主張する。

被告側は「日本は北朝鮮を国家として承認していないから、ベルヌ条約にたとえ加盟していたとしても、条約上の権利義務関係は生じない」と反論した。この後ろ盾になっているると思われるのが、二〇〇三年に文化庁が出した「わが国は北朝鮮を承認していないから条約上の権利義務関係は生じない。わが国は北朝鮮の著作物についてベルヌ条約に基づき保護すべき義務を負わない」という見解であるが、今回の東京地裁の最終見解は、それとほぼ同様の答えを出した。

しかし、北朝鮮文化省は、「わが国は日本国の著作権についてベルヌ条約に従って保護する意思は有している」「かりに日本国において相互順守ができないことが確定した場合には遺憾に思うと同時に、われわれにとって日本国の著作権を保護する義務がなくなるであろうことを憂慮している」という。

最終的に阿部裁判長はこう結んだ。

「多国間条約の条項のうち、ジェノサイド（民族大量虐殺）条約一条の『集団殺害の防止』や拷問等禁止条約二条『拷問の防止』のように、国家の便宜を超えて国際社会全体への義務を定めているものは未承認国との間でも適用が認められているが、著作権保護は国家の枠組みを超えた普遍的に尊重される価値を有するものと位置づけるのは困難」

このように述べたうえで、原告の主張を退けた。

これに対しカナリオ企画は、「北朝鮮における日本の映画、アニメなどの著作権はどうなってしまうのか。著作権を持つ（日本の）人々を、国が見放してしまった」と話す。さらに、誰かが北朝鮮にサーバを置き、無断で日本映画をインターネット販売するようなケースが起こったらどうするのか、と危惧している。

また、「北朝鮮を国家として認めていないフランスの映画配給会社が著作権保護を前提に取引しており、米国のプロダクションも同様の動きを見せている。イギリス、ドイツ、フランス、イタリア、ベルギー、スイスなどが北朝鮮映画の版権売買に参加してもらっている。日本も、北朝鮮の著作権を保護しつつ、北朝鮮に対し日本の著作権を保護するよう働きかけるべきではないでしょうか」と問いかけている。カナリオ企画は近く提訴するという。

その後二審知財高裁では、配給会社に対して計一二四万円の賠償を支払うようテレビ局に命じたが、二〇一二年一二月八日、上告審の最高裁第一小法廷はこれ破棄し、「日本は北朝鮮の著作物を保護する義務を負わない」とする判断を示し、テレビ局側の勝訴となった。

たとえ未承認国であろうが、個人の著作物は保護されるべきと私は考える。他国の著作権を守ることは、日本の著作物の無断使用を防ぐことと表裏一体の関係にあるのだ。国としても真剣に取り組む時期がきている。

2 著作権はいまだに敗戦国「戦時加算」

現在の日本国民にとって、わが国が〝敗戦国〟であると実感する機会は少ない。しかし著作権の世界では、いまだに日本が敗戦国扱いを受け続けていることをご存じだろうか。

二〇一三年二月、ＪＡＳＲＡＣはわが国に課せられている著作権の「戦時加算」の解消を求め、岸田文雄外相に交渉を行うよう申し入れることを発表した。

著作権の戦時加算とは著作権の保護期間に関するもので、戦時に相当する期間を、通常の著作権保護期間に加えることで、戦争により失われた著作権者の利益を回復しようとするもので、第一次大戦後に欧州各国が国内法で独自に設けた制度である。戦時中は交戦国の作品の著作権が十分保護されず、著作権料の支払いがなされないため、戦後にその分を取り返そうというねらいである。

日本についていては、一九五一年の日本の戦後処理を決めたサンフランシスコ平和条約においてこの問題が取り上げられ、連合国一五カ国の作品の著作権を、交戦状態にあった期間分長く保護する戦時加算が義務付けられた。

具体的には、例えばアメリカ、イギリス、フランスなどに対して、日本が参戦した一九四一年一二月八日から、平和条約発効の一九五二年四月二八日の前日までの三七九四日（約一〇年五カ月）が、通常の著作者没後五〇年という著作権保護期間に加算される。

これはもちろん、日本側のみが加算される一方的なもので、現在この戦時加算が行われているのは日本だけである。

ＪＡＳＲＡＣや小説家、美術家団体はかねてからこのルールの撤廃を訴えており、「国益を守る、主張する外交」を掲げる安倍内閣の誕生を機会として働きかけを強める動きだ。

ＪＡＳＲＡＣによると、①日本にのみ一方的に課せられている義務であること、②戦時加算対象であるかどうかの判断が困難であることに問題があるという。

このようなルールが存在し、それも日本にのみ課せられているとは驚きだが、それだけ著作権の取り扱いは、国益に直結する重要事項であるということの証である。

グローバル時代の今、国を挙げての著作権戦略が求められる。

3 森美術館、日本初写真撮影ＯＫ

これは驚いた。

美術館での撮影はどこでも禁止されているのが最近では当たり前となっているが、写真撮影ＯＫの美術館が登場したのだ。

東京六本木の森美術館は、二〇〇九年七月二四、二五日に開催された中国の著名なアーティスト、アイ・ウェイウェイ氏の展覧会で、観客の写真撮影を許可する取り組みを試験的に始めると発表した。森美術館によると、撮った画像は加工せず、非営利目的で使うことが条件なら誰でも撮影できるという。これは国内の美術館ではとても珍しいことで、著作権問題の議論に一石を投じるかもしれない。

この取り組みの背景にあるのは、クリエイティブ・コモンズという世界的な運動である。これは情報の共有に際して障害となる知的所有権法や著作権法の問題を回避することをねらいとした運動で、著作者が自らの著作物の再利用を許可する意思表示を手軽に行えるようにするためのライセンスの策定と普及を行っているものである。

「クリエイティブ・コモンズ・ライセンス」では、作品を複製、頒布、展示、実演を行うにあたり、著作権者の表示を要求する「表示」、非営利での目的に限定する「非営利」、いかなる改変も禁止する「改変禁止」と、クリエイティブ・コモンズのライセンスが付与された作品を改変・変形・加工してできた作品についても、元の作品のライセンスを継承させた上で頒布を認める「継承」の四項目がある。著作者はこれら条件の採否を選択し、その作品を利用する者はそれに従うこととなる。

今までは、国内作品など所蔵作品の撮影を認める美術館が一部あるが、外部から借用する企画展の撮影は著作権の問題があり、ほとんどは認められていない。

ただ、ことは単純ではない。作品には当然、著作権があることはわかるが、その作品を撮影した者には写真の著作権が発生する。この写真の著作権をどう扱うべきか。

いずれにせよ、今後継続的に注目すべき取り組みであることは間違いない。

4　映画・放送のＤＶＤ複製可能、手話・字幕は許諾不要に

　文化庁は二〇〇九年二月二八日、著作権者の許諾を受けなくても、耳の不自由な人向けに映画や放送番組に字幕や手話の映像を付け、ＤＶＤを複製することを認めるなど、障害者が作品を鑑賞しやすくなるように著作権法を改正する方針を固めたという。この改正は「障害者が文化的な作品を享受する機会を確保する」よう求めた障害者権利条約が二〇〇八年五月に発効したことを受けた措置である。

　現在の著作権法は、許諾なしで放送番組の音声を字幕にし、リアルタイムで聴覚障害者にインターネット送信することを認めているが、映画は対象外だった。またこうした放送番組や許諾を受けない字幕付き映画をＤＶＤなどに保存することなども禁止されていた。

　さらに、字幕の作り手は聴覚障害者に情報提供する公益法人に限られ、改正では放送番組だけでなく、発表済みの全ての映画に字幕や手話を付けられるようにし、ＤＶＤなどの複製も認めることとなる。作り手に関しても今までの公益法人に限定せず、作成主体がＮＰＯ法人などにも拡大されるという。

　これによって地域の福祉団体やＮＰＯ法人が映画の手話・字幕付きＤＶＤを作り、障害者に貸し出すような活動が可能になる。また、点字図書館に限られている視覚障害者向け

の録音図書館の作り手もＮＰＯや公立の図書館に広がるという。

障害者の著作物利用に関して、現行の著作権法では図書や映像作品などの著作物を無許諾で加工することは禁止されており、それがたとえ福祉目的であったとしても誰もが自由に行えるのは図書の点字化だけだった。しかし、インターネットの普及よって健常者と障害者が得られる情報量に格差が広がり、政府の障害者施策推進本部は著作権制度の見直しによる情報の格差縮小を目指している。

著作権法第三七条の二「聴覚障害者等のための複製等」は、一九九九年に追加され二〇〇六年に一部改正、二〇〇九年に全改正された。現在では、聴覚障害者等に対し福祉に関する事業を行う者に限り公表された著作物を文字にしたり、複製（文字化）したり、または自動公衆送信（送信可能化を含む）を行うことができる。

法改正後、財団法人ろうあ連盟、社団法人日本難聴者・中途失聴者団体連合会、特定非営利活動法人ＣＳ障害者放送統一機構、特定非営利活動法人全国聴覚障害者情報提供施設協議会などが二〇〇九年九月二日、「改正著作権法に関わる要望と提案」を出し、さらに一歩進んだ方向を目指している。

主な要望内容は①複製著作物に対してコピーガードなどの義務化をしない、②コピーガードに代わる提案（字幕、手話が付加された画面やクレジット表示）、③公衆送信についても映像送信の可能性の検討（映像と一体化）、④補償金は公的負担とする、などである。

著作権とダイバーシティ推進の関係性は、今後も要注目である。

5 あとに残された人へ、千の風――作者マリーの願い

A THOUSAND WINDS＝『千の風（になって）』という詩をご存じの方は多いだろう。最近では「作者不詳」として新井満さんが訳したことで有名だが、英語圏ではかなり前から多くの人に静かに愛されてきた詩だった。

たとえばイギリスでは一九九五年、二四歳のイギリス軍兵士の死がきっかけで、広く知られるようになった。彼の遺品の中にあったこの詩を「デイリー・メイル」紙が報じ、一九九六年にイギリスの国営放送ＢＢＣによって行われた「国民に愛される詩」のアンケートでは第一位となった。

一方、日本では最初に一九九五年六月、『１０００の風』（南風椎訳、三五館）が刊行された。当時はあまり話題にならなかったもののじわじわと浸透し、二〇〇一年九月一一日のテロによるニューヨーク世界貿易センタービル崩壊の跡地「グランド・ゼロ」で行われ

た追悼集会で、少女がこの詩を朗読したことを朝日新聞の「天声人語」（二〇〇三年八月二六日）が取り上げてから一気に火がつき、やがて歌や映画にまで発展した。

このように作者不詳の『千の風（になって）』は世界中でさまざまに形を変えて流布されている。英語ではわずか一二行の短い詩だが、信じられないほど世界中を駆け巡り、同時に多くのジャーナリストや研究者が作者探しをつづけた。

ある人はネイティブ・アメリカン説を有力視し、一九八六年「ワシントン・ポスト」紙では「ネイティブ・アメリカンのマカ族の祈りだった」と報じた。しかし、ネイティブ・アメリカンの部族からこの詩を認めた発言はなかった。そもそも、ネイティブ・アメリカンには死者の魂がいつも生者のそばにいるという考えはないという。

では、この詩はいったい誰が、どのようにして生みだしたのか。なぜ、たくさんの人々の心を揺さぶり、心に残るのだろうか。

わたしの周囲でも『千の風（になって）』は大人気であった。『１０００の風』で詩を読んだ日野市在住のＢ子さんは、こんなことをいう。

「風って、何かあたたかさを感じませんか？　風は強い風もあれば弱い風もあり、肌に直接感じないような風もあります。でも風は風圧という言葉があるようにだれもが感じるものです。追い風もあれば、向い風もあったり。なによりも風は空気があるということを感じさせてくれます。少しくすぐったい風もありますが、風はなにかを語りかけてくれているようにも思っています。それにやさしく感じませんか？」

八王子市高尾町のC子さんは、誰かの声を感じるという。

「わたしにはよくあることなんですが、閉め切った部屋の中でフッと風が吹いたり、カーテンが揺れるときがあります。はじめは少し薄気味悪かったりしたのですが、この詩を読んでからはあたたかさを感じています。もしかするといまの風は父かな、母かな、なんて思うときがあります。じつは両親ともまだ健在なんですけどね（笑）。だれかが風になってわたしになにかを伝えようとしているのかも、なんて思うときもあります」

人の思いは風に乗ってどこまでも届くものかもしれない。意識しなければ気づかないが、意識し続けることによってわずかだがだれもが感じることができるものかもしれない。

わたしもこの詩をはじめて読んだとき、その素晴らしさに感動していたが、いつのまにかこの詩に曲が付き、歌われるようになり、映画化されて行く中で、疑問が生まれた。歌や曲のイメージが、この詩の作者が込めた本来のメッセージに合っているのだろうか、と。

以前、わたしの本で紹介した、『あしあと』も作者不祥とされていたが、「わたしが著作者だ」という人が何人も現われたあげく、本当の著作者の意思、意向、意味が無視され、不本意のうちに次々と詩をコピーした商品が販売され、金儲けの手段とされてしまったことと重なるのだ。

そんなとき、わたしの友人であるエルサレム在住の井上文勝さんから手紙が届いた。そこには、「主婦マリーの選んだ道」と題した井上さんの署名入り記事（『ＡＥＲＡ』二〇〇七年一一月二六号）が同封されていた。驚くべきことに『千の風（になって）』の作者を見つけたという内容だった。

井上文勝さんは国立イスラエル工科大学で建築の研究をつづけた後一九六六年よりイスラエルに在住、大学、美術館、シナゴーグ等の設計に携わる。また、ホロコースト研究にも取り組んでおり、一九九二年、戦後五〇年を記念した、ヤヌシュ・コルチャックの演劇公演を企画し、戯曲を書き下ろす。コルチャックは一八七八年、ユダヤ人の子として生まれ、一九四二年に孤児院の教え子たち約二〇〇名とともにガス室で亡くなった教師である。

このような井上さんの研究と活動が、『千の風（になって）』の作者を突きとめるきっかけとなったという。

のちにお会いしたとき、わたしにこんなことをお話ししてくださった。

「わたしも、この『千の風（になって）』を知ったとき、作者不祥という言葉に興味を覚えていました。とても素晴らしい詩だと思いますが、反面、この言葉にはもっと奥深い意味があるのではないかと感じていました。富樫さんもそうであるように、この詩に曲が付き、歌になることに違和感を覚えました。そこでとことん忠実に事実を調べてみようと思い立ち、かなりの日数をかけて調べてもみました」

この件がきっかけとなり、わたしと井上さんは世界ではじめてこの詩の著作権登録を行った。著作者の娘さんより承諾を得てわれわれが代理人として日本の文化庁の著作権登録申請を行った。その添付書として著作者自身の直筆の詩と、本人を証明できる発行年月日が記載された新聞等の媒体を添付した。

この登録に法的拘束力が生じるかどうかは微妙なところだが、この作品を創った著作者がいるという事実を公的に示すことで、すくなくとも際限のない商品化や著作者の意向を無視した曲解にブレーキがかかるのではないか、著作者への敬意というものが生じてほしい、と期待した。

さて、肝心の著作者であるが、やはり『あしあと』の作者と同様、世界中でこの詩が共有されることを望んだという。作者名前はマリー・エリザベス・フライエ。一九〇五年、米国オハイオ州のデイトンで生まれた。しかし、すぐに両親を失い、わずか三歳で孤児となり、一二歳のときに養女となってボルティモアに移り住む。

多感な少女時代、マリーははるか遠いオハイオ州にある両親のお墓を思い、過ごしていた。独学で読み書きを学び、読書が唯一の楽しみであり、心の拠り所だった。詩作を始めたのはこのころだったという。

二二歳で結婚し、好きな花を育てながら愛する夫クラウドの仕事を手助けしていた。

一九三〇年代に入ると、ドイツでは反ユダヤの嵐が吹き荒れ、ユダヤ人の脱出が始まっていた。その中にマーガレット・シュバルツコプという少女がいた。

ユダヤ人少女マーガレットはマリーとクラウド家に受け入れられた。しかし、ドイツに残ったマーガレットの母は病身であり、そのことを彼女はいつも悲しんでいた。幼いころに両親を失ったマリーは、自分の境遇に似たこの少女に愛情を注いだ。

のちに九四歳のマリーはアメリカのＣＢＳのインタビューにこう答えている。

「老いすぎて身体が不自由なお母様は、彼女と一緒にこられなかったのです。ですから、お母様からの手紙が届かなくなると、彼女は憂いを深めるばかりでした。わたしたちはあらゆる方法でお母様の安否を尋ねあぐねました。そして、ついにお母様がすでに亡くなっていることを知らされた彼女は深い神経衰弱となってしまって……。ただ泣きくれるばかりでした」

ある日、マリーとユダヤ人少女マーガレットは二人で買ってきた食材を紙袋から出し、テーブルの上に並べていたときのことだった。

　そのとき、マリーが取り出した品物を見たマーガレットが、「ああ！　ママがこれを大好きだったの！」といって泣き出してしまったという。突然、母親の顔が頭に浮かんでしまい、恋しさと哀しみに混乱したのだろう。

「あたしにとって何がいちばん苦しいのか知ってる？　……それはママのお墓に立ってさよならを言えなかったことなの」

　マリーの胸にマーガレットのその言葉がつきささり、同時にオハイオ州にある自分の両親のお墓が頭に浮かんだ。泣きじゃくるその姿を見たマリーはおもむろに食品を入れていた紙袋を破り、そこになにかを書きはじめた。そして、マーガレットに紙きれを渡した。

「ちょっとした詩を書いたの。生と死について私が感じることなの。もしこれがちょっとでもあなたの救いになってくれたら……」


私の墓石の前に立って涙を流さないでください。

私はそこにはいません。

眠ってなんかいません。

私は1000の風になって
吹き抜けています。
私はダイヤモンドのように
雲の上で輝いています。
私は陽の光になって
熟した穀物にふりそそぎます。
秋には
やさしい雨になります。

朝の静けさのなかで
あなたが目ざめるとき
私はすばやい流れとなって
駆けあがり
鳥たちを
空でくるくる舞われています。
夜は星になり、

私はそっと光っています。
どうか、その墓石の前で
泣かないでください。
私はそこにはいません。
私は死んでないのです。

南風椎訳『1000の風』(三五館)より引用

「これをいつまでも大切にするわ……」

紙切れを読み終えたマーガレットの目からは涙が消えていた。

その後、このときの詩がマーガレットの両親の友人によってポストカードとして印刷され、以後これが世界中に広がっていくのである。

井上文勝さんの記事によるとマリーは他界する四年前、先のCBCのインタビューにこの詩について次のように答えていた。

「私はこの詩が自分のものでなく、世界のものだと常に思っております。これは心からの愛によって安らぎのために書かれたものです。でも、もしそれで私がお金を受け取っていたなら、この詩の価値は落ちていたでしょう。もしかしたら、私は馬鹿だったのかも……。でも、それでいいのです」

多くの人たちがビジネスで利用しているありさまを見て、マリーは多くの友人、知人から作者であることを名乗るよう、またわずかでもお金を請求したらどうか、などといわれていたのかもしれない。

一九六四年、マリーは夫クラウドと死別。そして二〇〇四年九月一五日、九九歳で息をひきとった。いまからわずか数年前のこと。さまざまな形で世界中で使用され広がっていく『千の風（になって）』を、マリーは遠くから見届けていたのかもしれない。そして、心さびしい人たちへ向けて、風となって語りつづけていくのだろう。いつまでもいつまでも、わたしたちに……。

最後に、わたしの立場は新井満さんでも、井上さんでもないが、わたしが運営しているNPO法人著作権協会の会員からこんなお便りが届いていた。それを紹介したい。新潟県在住の女性からだが、マリーの心をここにも感じた。

いま、冷たい風を日々感じています。あたたかな日はあたたかな風を感じますが、いまのように冷たい風は身体全体に寒さを感じます。でも、生きているんだなあという実感がとてもあります。目は冷たい風であけにくく、頬は凍ってしまいそうに痛いけど、わたしは、いまこの寒さや冷たさの中で、生きているというあたたかさを感じているんです。

この新潟の冷たい風は、いつもわたしを幸せに生きろと声をかけてくれるように思えます。

数年前のことですが、わたしはとても愛するこどもを亡くしてしまいました。まだ小学三年生のとても可愛らしい娘です。

当時、離婚をし、娘とふたりぼっちで小さなアパートで再出発。いつもわたしがくじけそうになると、娘はわたしの母のようになって、「ダメよ！　お母さん。しっかり生きなくっちゃ！」と勇気づけてくれて、わたしがメソメソしているとニッコリと微笑みながら、「お母さん、泣かないでね。千恵がいつもそばにいるんだから……」とはげましてくれました。

娘の名前は「千恵」、千の恵みの子という意味です。そんなとき、「千の風になって」の詩をひとりごとで知りました。最近は歌ができて大ヒットしているようですが、わたしの心の中ではあまりあの曲は好きではありません。なぜなら、千の風は救いの言葉だからです。

千恵はとても寒い日に天に昇りました。あの日はとても寒く、頬にしみました。ですから、この寒い冬が来るとまた千恵に逢えることができます。

この冷たい風は、わたしに「生きて！　生きて！　生き抜いて！　お母さん」という声に似たものです。

だから、いまはこの冷たい風が大好きになりました。

冬の風は、冷たくだれからも嫌われる風でも、わたしの愛する人からの言葉。愛しい冷たい風です。

マーガレットのお話を聞き、母を想う娘の気持ち、娘を想う母の気持ち。愛はひとつ、愛は同じとようやくこの詩の意味が納得できるようになりました。千恵はお墓になんて眠っていません。今、ここに、冷たくあたたかな風の中にいました。

（後略）

追伸：わたしは冬がとても好きになりました……。

我々はいつも顔の見えないだれかが作ったものを使い、食べ、そして生きている。それを作った人の笑顔や涙を知らずに、喜びだけをただ享受する。でも、それは本当の豊かさなのか、喜びなのか……。わたしはそうは思わない。

千恵ちゃんのお母さんがマリーの心を知ったように、あなたもぜひ、作品の裏側にある人物の顔を思い描き、あらためて『千の風（になって）』を味わっていただきたい。作品から得た感動を心の財産にするというのは、読み手に許された特権である。

小さな風、強い風、生あたたかい風、くすぐったい風……。マリーの言葉を聞いたあなたに、風はどんな声をかけてくれただろうか。

おわりに

まだまだ終わりのない著作権戦争。テレビや新聞で知らされている事件はほんのわずかで、水面下ではトラブルだらけだ。最近の著作権侵害行為はインターネットの急激な発達とともに様々な媒体へと拡大しているため、現実にまだ法律が追い付かないのが現状といえる。

一番困るのは、「著作権者は誰なのか?」が曖昧なケースである。

著作権は誰にでも譲渡できる、人から人の手にわたるモノ。著作者は変わらなくとも、「著作権者」はコロコロと変わる可能性があるのだ。

また、著作権を譲渡されたからといって好きなようにできるとは限らない。譲渡されても、「著作者人格権」は著作者に残っているのだから、勝手に改変したりすることはできない。

また、「なりすまし著作権者」も恐ろしい。曖昧な著作権譲渡のために、それを許諾して使用したものがのちに著作権侵害になる恐れもある。「なりすまし著作権者」なら犯罪意識は強いが、善意で譲渡されたと信じてしまっている者たちもいる。何の正式な許可もないのに、許可を与えられていると信じて利用し、訴えられてしまう場合もあるのだ。

これからの時代、著作物を使用する場合、

「あなたが本当の著作者ですか？」

「本当に利用して大丈夫ですか？」

そのような確認も必要になるかも知れない。

これは冗談ではない。例えば写真や映像を他人から借りる、または譲渡してもらう場合、その写真に写り込んでいる肖像者の使用許諾確認、撮影した著作者の使用許諾確認がなければ勝手に使用するのはむずかしい。その理由は他人が入った写真や映像には著作権と肖像権が同時に存在しており、それが自分の肖像や姿であっても、他人が撮影したものであれば撮影した者の使用許諾がいる。写真や映像にはいくつもの権利が複雑に織り交っているのだ。

現在、日本全国の行政機関や民間企業、個人のホームページやブログ、投稿サイトなどは、それらの許諾確認なしの無法地帯となっている。

今までは著作権というと、音楽や小説、芸術や学術の専門家の権利のように思われてきたが、今では日本人、いや世界中の人々に同時に与えられた権利へと大変化を遂げている。これはケータイやネットの大普及によるものだ。

しかしその反面、失われたものがある。それは「見えないものへの敬意」である。著作権を含めた知的財産権などは「見えないもの」の一部といえるが、人は形（物質）のあるものには敬意を示すが、形のないものの価値を低く見る傾向がある。本当は目に見えないものの中に本質が隠されているはずなのに、見えるものを信じていく。

私は本書の冒頭で著作権を「怪物」と表現した。この著作権という見えない怪物は、もしかすると、私たちに警告を発しているのではないだろうか。

二〇一三年二月吉日　特定非営利活動法人著作権協会　理事長　富樫康明

富樫康明（とがし　やすあき）
1954年東京生まれ。10代の頃よりイラストレーターとして活躍し、1972年には商業デザイン会社を創業。1999年よりNPO法人著作権協会を設立し、理事長を務める。市民サイドに立った著作権、知的財産権に関するスペシャリスト。著作権普及活動のため日本全国での講演会活動、行政機関等での職員研修、ボランティア団体等での著作権講座、さらに著作権を活用した産業、商業などを取り込んだまちおこしなどで活動を続けている。また、各種媒体での執筆活動も行う。著書多数。

知らないとあぶない！　著作権トラブル

2013年3月25日　初版第1刷発行

著者 ――― 富樫康明
発行者 ―― 平田　勝
発行 ――― 花伝社
発売 ――― 共栄書房
〒101-0065　東京都千代田区西神田2-5-11出版輸送ビル2F
電話　03-3263-3813
FAX　03-3239-8272
E-mail　kadensha@muf.biglobe.ne.jp
URL　http://kadensha.net
振替 ――― 00140-6-59661
装幀 ――― 黒瀬章夫（ナカグログラフ）
印刷・製本 ―中央精版印刷株式会社

ISBN 978-4-7634-0660-6 C0036